우주에서 암석이 떨어졌어요

Copyright © 2016 Bramblekids Ltd.
All rights reserved
Korean translation rights © 2017 Darun Publishing
Korean translation rights are arranged with Bramblekids Ltd. through Amo Agency Korea.

이 책의 한국어판 저작권은 AMO 에이전시를 통해 저작권자와 독점 계약한 다른출판사에 있습니다.
저작권법에 의해 한국 내에서 보호를 받는 저작물이므로 무단 전재와 복제를 금합니다.

우주에서 암석이 떨어졌어요

게리 베일리 글
율리야 소미나 그림
권예리 옮김
정갑수 이학박사 감수

1

매직 사이언스

차례

8 층으로 이루어진 지구
지구의 층 · 판게아 · 지각판

12 커다란 막대자석
자기장의 극점 · 자기장 · 중력 · 지구 중심에 있는 금속

16 여러 가지 암석
퇴적암 · 눈에 보이는 지층 · 암석의 역사

20 화산이 폭발했어요
화성암 · 변성암

24 커다란 바위가 모래로 변한다고?
풍화 작용 · 암석 주기

28 침식은 왜 일어날까?
물의 힘 · 바람의 힘 · 얼음의 힘

32 암석으로 가득한 우주
암석 행성 · 카이퍼 대 · 오르트 구름 · 우리 은하

36 우주에서 암석이 떨어졌어요
혜성

38 화석이 나타났다!
화석 · 동물의 뼈대 · 커다란 화석 · 식물 화석 · 암모나이트

42 동굴에 사람이 살았다고?
동굴 벽화 · 동굴 도시 페트라 · 선사 시대의 주거지 · 혈거인

46 깊은 땅속의 바위
종유석과 석순 · 바위로 만든 대피소

50 높이높이 솟은 산
산맥 · 가장 높은 산

54 지진은 왜 일어나는 걸까?
지진 구호 활동 · 흔들리는 암석 · 지진 측정 · 지진학

58 세계에서 가장 높은 산
산과 골짜기 · 수목한계선과 설선 · 등산 · 등산 안내인 셰르파

62 바위로 만든 도로
자갈길 · 알프스 산맥의 도로 · 도로용 터널 · 바위 폭파하기

66 작은 바위 조각들
모래 · 자갈 · 흙

70 **건물은 무엇으로 지을까?**
시멘트 • 콘크리트 • 주춧돌 • 벽돌
슬레이트 지붕 • 대리석 • 석회암

76 **돌이 알려 주는 수천 년의 역사**
돌에 새긴 그림 • 고대의 비문

80 **돌로 만든 기념비**
오벨리스크 • 절벽에 새긴 얼굴들

84 **역사가 있는 세계의 건축물**
지구라트 • 피라미드 • 멕시코의 피라미드
미케네 왕국 • 파르테논 신전
고대 로마의 아치 • 고대 로마의 극장

90 **땅속에서 연료가 나와요**
탄소 • 석유 • 원유 정제하기 • 천연가스

94 **뜨거운 땅속 열 에너지**
간헐천 • 지열 발전소

98 **석탄과 철은 어디서 날까?**
원석 • 철광석 • 석탄 캐기 • 강철 만들기

102 밝게 반짝이는 돌
보석 가공하기 • 다이아몬드
희귀한 보석들 • 준보석 • 보석 장신구

106 돌로 멋진 그림을 그려요
그라피티 • 길거리 아트 • 연필 • 백악 • 안료

112 돌로 만든 조각품
테라코타 군대 • 커다란 조각상 • 진짜 같은 조각품

116 갈고 닦고 재고 다양하게 쓰이는 돌
막자와 막자사발 • 에머리보드 • 칼 가는 돌
진흙 목욕 • 부석 • 줄에 매단 돌멩이

120 돌로 하는 재미있는 놀이
물수제비 뜨기 • 잭스 • 만칼라
바둑 • 사방치기

124 용어 설명
127 찾아보기
132 사진 출처
135 교과 연계

층으로 이루어진 지구

우리는 지구라는 '바위' 위에서 살고 있습니다. 땅 위에 서 있으면 지구가 움직이지 않고 있는 것 같지만, 지구는 한 덩어리로 된 단단한 바위가 아니에요. 지구의 어떤 부분은 부글거리며 빙글빙글 도는 붉고 뜨거운 액체 상태입니다. 이 액체는 멈추지 않고 계속 움직이지요.
우리 눈에는 단단하고 울퉁불퉁한 '지각'만 보이지만, 지구 속에서는 제법 많은 일이 일어나고 있답니다.

지구의 층

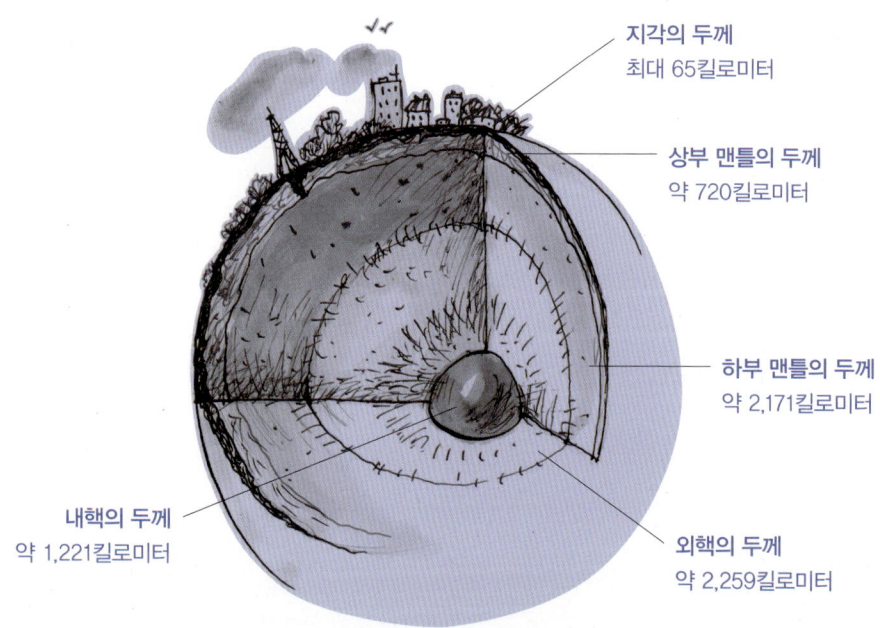

지각의 두께
최대 65킬로미터

상부 맨틀의 두께
약 720킬로미터

하부 맨틀의 두께
약 2,171킬로미터

내핵의 두께
약 1,221킬로미터

외핵의 두께
약 2,259킬로미터

딱딱한 땅바닥 위에 서 있으면 지구라는 행성이 하나의 단단한 공 같습니다. 하지만 지구는 한 덩어리가 아니라 여러 층으로 이루어져 있습니다. 우리가 발을 딛고 서 있는 단단한 부분은 지구 가장 바깥쪽에 있는 지각입니다. 그 밑에 상부 맨틀이 있습니다. 상부 맨틀은 플라스틱 같은 고체인데, 온도는 고체가 액체로 바뀌는 녹는점에 가까워요. 그 아래에 있는 하부 맨틀은 거의 단단한 돌로 이루어졌습니다.

과학자들은 지구의 핵이 밀도 높은 금속으로 만들어졌다고 생각합니다. 액체 상태인 외핵에는 철과 니켈이 많고, 고체 상태인 내핵에는 철이 많아요. 내핵의 온도는 약 섭씨 6,000도로 아주 높은데도, 무거운 외핵과 맨틀과 지각이 너무나 세게 누르는 바람에 고체가 되었습니다.

판게아

모든 지도에 그려진 대륙들은 항상 같은 위치에 있습니다. 하지만 사실 대륙들은 고정되어 있지 않아요. 약 2억 2천5백만 년 전에는 모든 대륙이 하나의 커다란 땅덩어리로 연결돼 있었습니다. 과학자들은 그때의 땅을 '모든 땅'이라는 뜻에서 판게아라고 부릅니다. 약 1억 년 전에 대륙들은 서로 멀어지기 시작했습니다. 약 4천만 년 전에는 오늘날과 비슷한 모습이 되었답니다.

2억 2천5백만 년 전, 지구의 대륙들은 판게아라는 하나의 땅덩어리였습니다.

그때부터 오랜 시간이 흐르는 동안 대륙들은 점차 서로 멀어졌습니다.

오늘날에는 대륙들이 지도에 나오는 것처럼 우리에게 익숙한 모습으로 떨어져 있습니다.

지각판

대륙들은 왜 판게아에서 떨어져 나왔을까요? 대륙은 지구의 지각을 이루는 판에 붙어 있는데 이 지각판들이 늘 움직이기 때문입니다. 지각판들은 서로 맞부딪치기도 하고 멀어지기도 하고 옆으로 지나가기도 합니다. 판들이 서로 멀어지는 곳에서는 지각판의 한쪽 모서리 바로 아래 맨틀에서 마그마가 솟아올라 지각판이 새로 만들어집니다. 이때 반대쪽 모서리는 옆에 있는 판 아래로 가라앉거나 위로 밀려 올라가 산맥이 되면서 지각판이 점점 사라지지요. 지구의 지각은 8~12개의 커다란 판과 약 20개의 작은 판으로 이루어졌습니다.

키워드 ★ 지각 맨틀 핵 철 니켈
         온도 대륙 판게아 지각판 산맥

커다란 막대자석

지구 속에 아주 커다란 막대자석이 들어 있다고 상상해 볼까요. 지구의 자기장은 막대자석처럼 물체를 잡아당깁니다. 우리는 느끼지 못하지만, 지구는 보이지 않는 막대자석을 중심으로 빙빙 돌고 있어요.
막대자석의 가장 위쪽에는 북극이, 가장 아래쪽에는 남극이 있습니다. 북극과 남극은 지구의 극점입니다. 지구가 살짝 기울어져 있기 때문에 북극과 남극은 보이지 않는 막대자석의 중심에서 조금 벗어나 있답니다.

자기장의 극점

지구의 외핵은 액체 철로 이루어져 있어서 움직입니다. 액체 철이 흐르면서 전류가 생기고, 전류가 변화하면서 자기장이 만들어집니다. 지구에 있는 커다란 막대자석은 지구가 중심으로 하여 도는 회전축과 정확하게 나란히 늘어서 있지 않습니다. 평행한 방향에서 살짝 어긋나 있어요. 그래서 지구 자기장의 북극은 지구의 북극과 위치가 정확히 같지 않지만 가까이 있고, 지구 자기장의 남극도 지구의 남극과 가까이 있습니다.

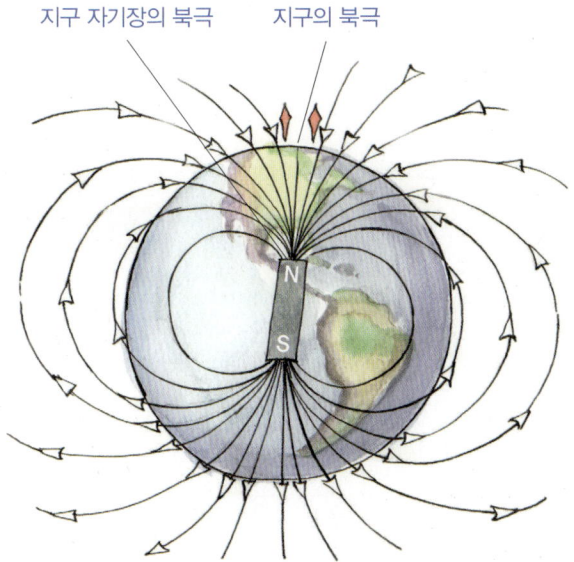

지구 자기장의 북극   지구의 북극

북극의 겨울은 매섭게 춥고 얼음이 꽁꽁 얼어 있습니다.

막대자석 주위에 철가루를 뿌리면 자기장의 모양을 눈으로 볼 수 있습니다. 철가루가 자기장 모양대로 펼쳐지기 때문입니다. 자기장의 세기는 두 극점에서 가장 강해요.

자기장

나침반의 바늘은 언제나 북쪽과 남쪽을 가리킵니다.

지구는 스스로 자기장을 만듭니다. 지구의 자기장은 지구 표면에서는 많이 약합니다. 지구의 지름은 약 13,000킬로미터나 되므로 자기장이 지구 중심에서 여러분이 들고 있는 나침반까지 힘을 미치려면 시간이 많이 걸립니다. 그래서 나침반의 바늘은 쉽게 돌아가는 아주 가벼운 재료로 만들어야 합니다. 그렇지 않으면 지구 자기장이 바늘을 움직이지 못할 거예요.

중력

중력은 물체가 서로 끌어당기는 힘입니다. 바위가 땅에 붙어 있는 것은 지구가 끌어당기기 때문입니다. 태양계의 행성들이 태양의 둘레를 돌고 우리 은하의 별들이 제자리에 있게 하는 힘도 중력이고요. 중력의 세기는 물체의 질량에 따라 달라집니다. 중력은 매우 강한 힘일 것 같지만, 사실은 아주 약합니다. 물체를 들어 올릴 때마다 여러분은 지구의 중력을 거스르고 있는 거예요.

지구 중심에 있는 금속

지구의 외핵은 녹아서 액체가 된 철로 거의 이루어져 있습니다. 지구의 가장 안쪽에 있는 내핵에서는 압력이 너무나 강해서 무척 뜨거운 철이 단단한 고체로 변합니다. 내핵에서 내뿜는 열은 지구가 회전하는 방향을 따라 지구 표면 쪽으로 둥글게 퍼지지요. 이를 따라서 외핵의 액체 철도 빙글빙글 돕니다. 액체 철이 돌면서 생기는 회전력은 지구 회전축을 중심으로 하는 자기장을 만듭니다.

중력은 태양계의 행성들이 태양의 둘레에 자리 잡고 돌게 합니다.

키워드 ☆ 자석   자기장   회전축   나침반
         중력   태양계   은하   철

여러 가지 암석

지구에는 여기저기 바위가 많습니다. 이 많은 바위들이 모두 같은 재료로 이루어진 것은 아니에요. 바위들은 여러 가지 방법으로 만들어집니다.
아주 오랜 시간이 지나면 바위들은 하나같이 깨지거나 갈려 나가요. 열에 녹아서 원래 모습을 알아볼 수 없게 변하기도 합니다.

퇴적암

퇴적암은 돌과 진흙으로 이루어진 암석입니다. 아주 작은 식물이나 동물의 한 부분이 섞이기도 합니다. 이렇게 퇴적암을 구성하는 물질을 퇴적물이라고 해요. 퇴적물은 강과 바다, 호수의 바닥에 쌓입니다. 수천 년이 흘러 퇴적물이 많이 쌓이면 아래층에 있는 퇴적물이 눌려서 단단한 암석이 된답니다. 퇴적암에는 사암과 석회암이 있습니다. 분필의 원료인 백악은 아주 작은 동물들의 껍데기로 만들어진 퇴적암입니다.

백악　　　석회암　　　사암　　　이암

눈에 보이는 지층

퇴적암은 자갈이나 진흙이 쌓여서 생긴 지층처럼 여러 층이 쌓여 만들어집니다. 지층의 두께는 1센티미터일 수도 있고 몇 미터가 될 수도 있어요. 지층은 처음에는 수평 방향으로 가지런히 생기지만, 지구의 지각이 이동하면서 파도치는 모양이 되기도 하고, 수직으로 똑바로 서기도 합니다. 암석의 나이를 알아볼 때 지층을 살펴보면 도움이 된답니다.

수백만 년 동안 다양한
암석층이 만들어졌습니다.

암석의 역사

암석층은 지구가 처음 생겼을 때부터 지금까지 겹겹이 쌓여 왔습니다. 그래서 과학자들은 암석층을 기준으로 시간을 잴 수 있습니다. 어떤 암석층이 언제 만들어졌는지 밝히면 그 암석층이 얼마나 오래되었는지도 알 수 있지요. 이렇게 암석층이 만들어진 시기를 조사해서 분류한 것을 지질 시대라고 합니다.

지질 시대는 수십억 년 전으로 거슬러 올라갑니다. 지질 시대는 크게 선캄브리아대, 고생대, 중생대, 신생대, 이렇게 네 개의 대로 나눕니다. 각 대는 더 짧은 시간 단위인 기나 세로 나눠요. 공룡은 중생대의 쥐라기에 살았습니다. 우리는 지금 신생대의 홀로세에 살고 있고요.

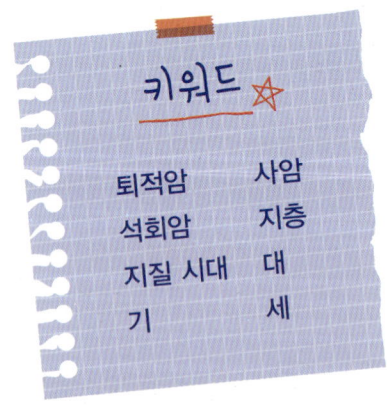

키워드

퇴적암   사암
석회암   지층
지질 시대   대
기   세

오스트레일리아 북부에 있는 유명한 바위 울루루는 사암으로 이루어졌습니다.

영국 남부의 바닷가에는 새하얀 백악 절벽이 있습니다.

화산이 폭발했어요

화산은 지구의 지각에 생긴 갈라진 틈으로 녹은 암석과 기체가 빠져나올 때 만들어집니다. 지각판의 가장자리에 자주 나타나지요. 그런데 판 한복판에 화산이 생길 때도 있답니다. 이러한 곳을 열점이라고 부릅니다.

화산은 마치 기계 안의 압력을 조절하는 안전판과 같습니다. 화산이 폭발하면 지구 표면 아래에 기체가 쌓여 점점 높아지던 압력이 낮아집니다.

화성암

용암은 땅에 난 분출구를 지나 지구 표면으로 흘러나오면서 차갑게 식습니다. 용암은 쌓여서 뾰족한 원뿔 모양이나 넓은 방패 모양의 화산이 됩니다. 줄줄 흐르는 용암은 방패 모양으로 굳고 걸쭉한 용암은 둥근 돔 모양으로 굳어요.

액체 마그마가 용암으로 지표면에 흘러나오면 재빨리 식어서 화성암이 됩니다. 현무암이 바로 이렇게 만들어진 암석입니다. 지표면 아래에 있는 마그마는 표면 위보다 천천히 식어서 화강암이 됩니다.

화성암이 만들어지려면 엄청난 열이 필요합니다. 그래서 불이 만든 돌, 화성암이라는 이름이 붙었지요. 어떤 화성암에는 다이아몬드, 금, 구리 같은 귀한 광물이 들어 있기도 합니다. 용암에 기체가 갇혀 식으면 부석이 됩니다. 부석은 구멍이 숭숭 뚫려 있는데 가벼워서 물에 뜨는 돌입니다.

화산 폭발로 생긴 현무암 덩어리들이 들판에 흩어져 있습니다.

| 반려암 | 화강암 | 부석 | 현무암 |

변성암

변성암은 지구의 지각에서 높은 열과 강한 압력을 받아 성질이 변한 암석입니다. 지각판들이 서로 부딪히면서 생긴 마찰로 구조가 바뀌었습니다. 원래는 퇴적암이나 화성암이었지요. 그런데 지각이 움직이면서 엄청난 열과 압력으로 암석의 내부 구조가 변했습니다. 예를 들어 석회암이 열과 압력을 받으면 대리석이 됩니다. 변성암은 대체로 변하기 전보다 단단해진답니다.

| 편암 | 편마암 | 점판암 | 대리석 |

키워드 ☆

기체　열점　압력　용암　분출구
마그마　화성암　현무암　화강암
부석　변성암

커다란 바위가 모래로 변한다고?

땅의 표면이 천천히 닳는 일을 침식이라고 합니다. 흙과 바위는 조금씩 서서히 부서지고 비나 바람에 휩쓸려 다른 곳에 쌓여요. 오늘날 땅의 모양이 이렇게 생긴 것은 침식 작용 때문이랍니다.

풍화 작용

침식은 거의 날씨 때문에 일어납니다. 뜨거운 태양열에 바위는 바짝 마르고 갈라집니다. 바람과 비는 바위를 잘게 조각내지요. 바위 표면은 강한 바람이나 세차게 퍼붓는 비에 닳아 없어지기도 하고요. 단 한 방울의 물이라도 쉬지 않고 계속 떨어지면 바위가 닳는답니다. 이 모든 일을 풍화라고 불러요.

이집트의 오래된 석상인 스핑크스는 수천 년 동안 모래 섞인 바람에 침식되었습니다.

메마르고 뜨거운 바람은 커다란 바위를 신기한 모양으로 깎아 놓습니다.

암석 주기

침식은 암석 주기에서 매우 중요합니다. 아주 커다란 암석도 수백만 년의 시간이 지나면 닳아서 모양이 달라집니다. 암석은 천천히 깎여 나가 모래나 먼지가 됩니다. 모래나 먼지는 시냇물과 강물에 섞여 호수나 바다로 가서 퇴적물로 쌓여요. 퇴적물이 계속 쌓이면, 아래쪽에 있는 퇴적물은 압력을 받아 다시 암석으로 변합니다. 이렇게 생겨난 암석은 지구의 지각 아래로 가라앉아 맨틀이 됩니다.

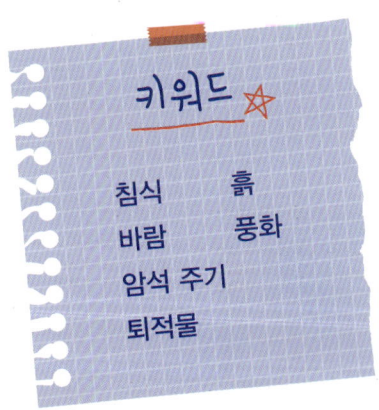

키워드
침식   흙
바람   풍화
암석 주기
퇴적물

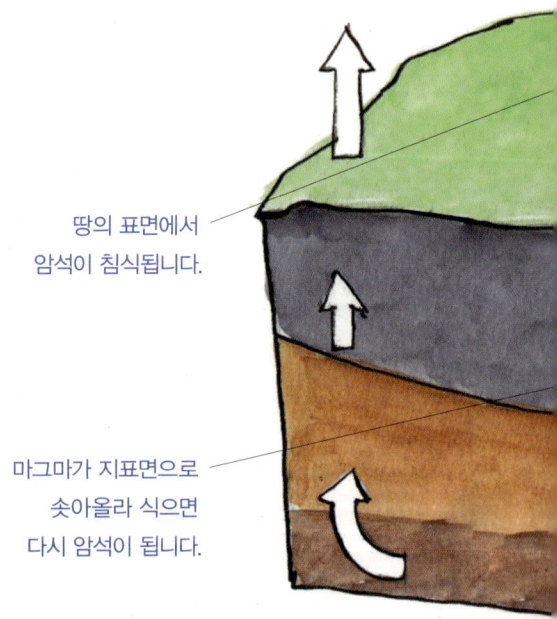

땅의 표면에서 암석이 침식됩니다.

마그마가 지표면으로 솟아올라 식으면 다시 암석이 됩니다.

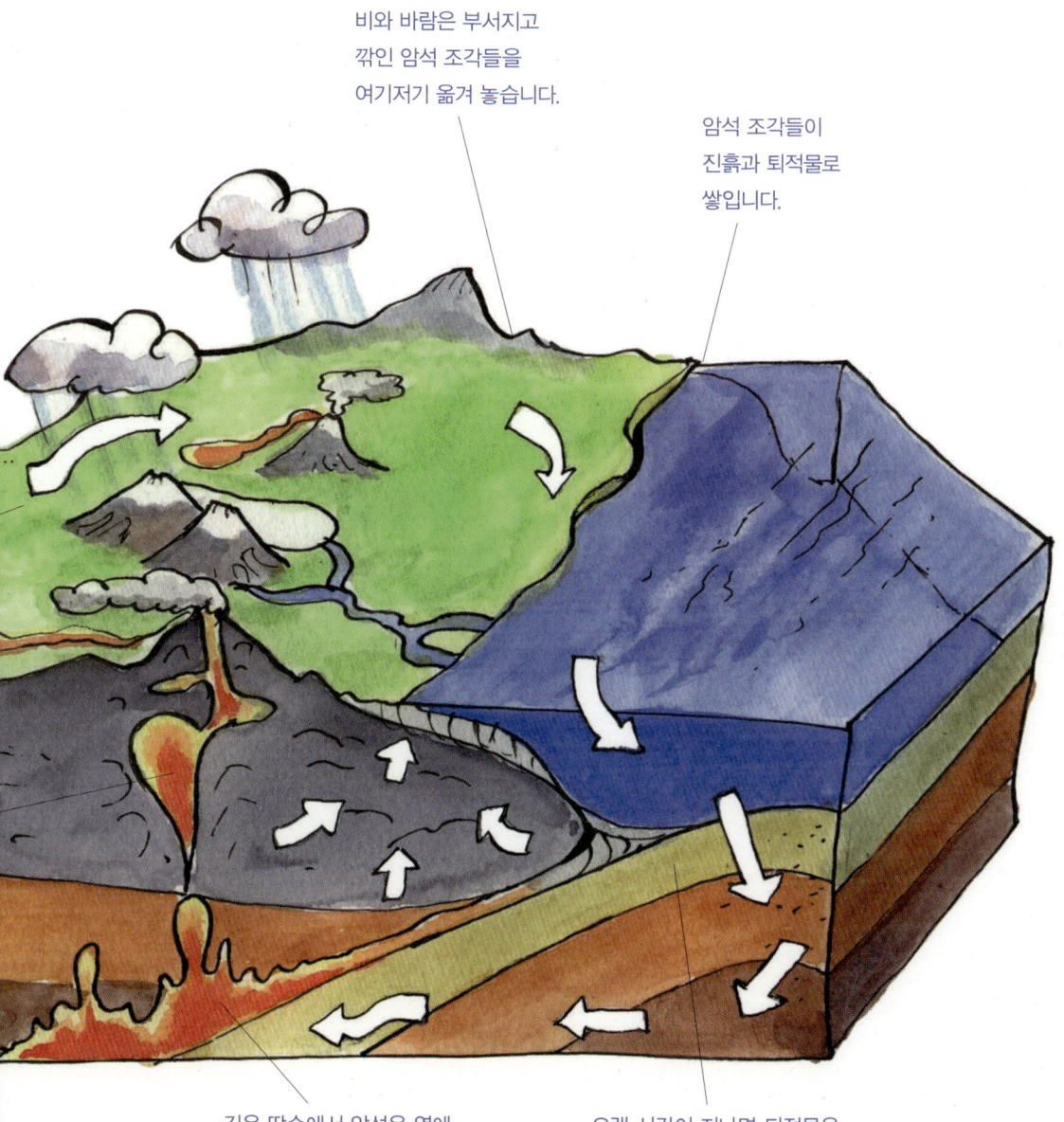

침식은 왜 일어날까?

바닷물은 바닷가에서 모래와 자갈을 옮기는 힘이 있습니다. 강물도 모래, 바위, 흙을 여기저기로 옮기고 강둑을 따라 강변 바닥을 깎아 내려요.

물의 힘

비와 바닷물, 강물이 지표를 깎는 침식 작용으로 미국에 있는 그랜드 캐니언처럼 좁고 깊은 골짜기가 만들어집니다. 물속의 화학 물질에 무른 암석이 녹아 커다란 동굴이 생기기도 해요. 빗물에 이산화탄소 기체가 녹은 약산성의 산성비는 매우 단단한 바위 표면에 구멍을 뚫습니다.

미국 애리조나 주의 호스슈 캐니언은 세찬 물에 깎여 생겨났습니다.

미국 애리조나 주의 그랜드 캐니언 서쪽은 콜로라도 강의 거센 강물에 침식되었습니다.

바람의 힘

바람과 온도 변화는 풍화 작용을 일으킵니다. 바람은 바위와 흙을 깎아 오스트레일리아에 있는 절벽, 웨이브 록 같은 모양의 바위를 만듭니다. 덥고 습기가 적은 건조한 기후에서 수평 방향으로 쌓인 층으로 이루어진 암석이 풍화되면 윗부분이 책상처럼 판판한 산이 만들어집니다. 바로 메사라고 부르는 땅 모양이에요.

오스트레일리아 서쪽에 있는 절벽 웨이브 록은 높이가 15미터입니다. 바람과 물이 만든 절벽이에요.

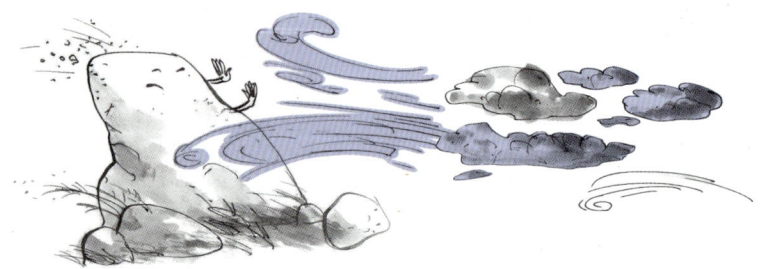

얼음의 힘

물이 바위의 갈라진 틈으로 스며들어 얼면 부풀어서 부피가 커집니다. 이렇게 커진 얼음 때문에 바위가 갈라지고 부서지지요. 강물과 바닷물, 바람과 빙하는 쪼개진 바위 조각들을 휩쓸어 갑니다. 빙하란 강물처럼 많은 양의 물이 얼어붙은 덩어리입니다.

스위스 알프스 산맥의 알레츄 빙하는 얼음과 바위가 서로 부딪히며 일어난 풍화 작용으로 만들어졌습니다.

키워드 ☆   바닷물   화학 물질   이산화탄소   산성   바람   메사   얼음   빙하

암석으로 가득한 우주

지구는 우주에서 '태양에 세 번째로 가까운 암석'입니다. 하지만 태양의 주위를 도는 태양계의 모든 행성이 돌로 이루어진 것은 아니에요. 목성이나 토성처럼 크기가 매우 큰 행성들은 작고 단단한 핵을 둘러싼 엄청나게 큰 기체 덩어리입니다.

우주에는 작은 행성인 소행성이나 유성처럼 우주를 떠도는 암석들이 많습니다. 혜성에도 암석이 조금 포함되어 있습니다. 사실 우주는 암석으로 가득한 곳이랍니다.

암석 행성

태양계가 처음 생겼을 때, 원반 모양으로 소용돌이치는 기체, 얼음, 먼지에 중력이 작용해서 태양이 만들어졌습니다. 여러 가지 물질이 뭉친 덩어리들은 태양 둘레를 돌았지요. 태양에서 가까운 덩어리들은 무거운 돌로 되어 있었습니다. 이 덩어리들이 암석 행성인 수성, 금성, 지구, 화성이 되었습니다. 태양에서 먼 곳에는 목성, 토성, 천왕성 같은 커다란 기체 행성들이 있답니다.

카이퍼 대

태양계의 행성들 바깥에는 카이퍼 대가 있습니다. 카이퍼 대에는 태양계가 처음 생겼을 때 행성이 되지 않은 나머지 물질들이 떠다닙니다. 행성이라고 부르기에는 너무 작은, 수백만 개의 얼어붙은 조그만 덩어리들이 모여 태양 둘레를 도는 원반 모양의 카이퍼 대가 되었습니다.

그 가운데 한 덩어리가 태양 둘레를 도는 궤도에서 벗어나 지구를 향해 다가옵니다. 바로 기다란 꼬리가 달린 혜성입니다.

오르트 구름

오르트 구름은 카이퍼 대보다 더 멀리 있습니다. 오르트 구름도 얼어붙은 작은 덩어리와 혜성 들로 이루어졌습니다. 오르트 구름을 이루는 덩어리들은 태양 둘레를 매우 빠르게 돕니다. 그런데 카이퍼 대와 달리 납작한 원반 모양으로 궤도를 그리지 않고, 여러 방향으로 움직입니다.

우리 은하

맑은 밤에 하늘을 올려다보면 우유 얼룩처럼 희멀건 구름 같은 게 보입니다. 우리가 은하수라고 부르는 우리 은하에 있는 수많은 별이에요.

우리 은하는 바람개비처럼 중심에서 팔이 뻗어 나간 모양의 나선 은하입니다. 우리 태양계는 은하의 중심에서 뻗은 팔들 가운데 오리온자리 팔에 있습니다. 우리 은하에는 2천억에서 4천억 개 사이의 별이 있습니다. 태양은 그 가운데 하나일 뿐이지요. 천문학자들은 우주에 약 2천억 개의 은하가 있다고 이야기합니다.

우주에서 암석이 떨어졌어요

태양계는 작은 돌 조각과 빛을 내며 떨어지는 광물질인 유성체로 가득합니다. 유성체는 지구의 대기에 닿으면 공기와 마찰을 일으켜 뜨거워지고 빛이 납니다. 우리 눈에는 한 줄기 불빛으로 보이지요. 이 불빛을 유성 또는 별똥별이라고 합니다.

많은 유성이 불에 타 없어집니다. 하지만 완전히 불타지 않을 때도 있어요. 타고 남은 유성이 지구 표면에 다다른 것을 운석이라고 합니다. 운석이 떨어진 땅에는 움푹 파인 구덩이가 생겨요.

혜성

지구에서는 해마다 스물다섯 차례 정도 혜성을 망원경으로 볼 수 있습니다. 혜성은 머나먼 태양계의 가장자리에서 날아옵니다. 혜성은 이따금 태양과 가까워지는 궤도로 들어갑니다. 태양과 가까워질수록 뜨거워지면서 코마라고 부르는, 혜성의 머리와 긴 꼬리를 이루는 기체와 먼지가 떨어져 나옵니다. 가장 유명한 혜성은 75~76년마다 보이는 핼리 혜성입니다.

미국 애리조나 주의 배린저 운석 구덩이는 먼 옛날 지구에 운석이 떨어졌을 때 생겼습니다.

키워드   광물질   마찰   유성(별똥별)
         운석   코마   핼리 혜성

화석이 나타났다!

학자들은 인간이 역사를 기록하기 전의 시간을 선사 시대라고 부릅니다. 선사 시대의 암석에는 옛날 동물과 식물의 흔적이 화석으로 남아 있습니다.

이러한 암석들을 살펴보면 선사 시대에 어떠한 동식물이 살았는지 알아볼 수 있어요.

화석

많은 동물과 식물이 죽으면 썩어서 사라집니다. 그런데 몇몇은 사라지지 않고 화석이 됩니다. 화석은 어떻게 만들어질까요? 먼저 동물이나 식물이 퇴적물 속에서 죽습니다. 동물의 몸에서 부드러운 부분은 썩어 없어지고 뼈대만 남아요. 퇴적물이 쌓일수록 아래로 누르는 압력이 커져서 아래쪽 퇴적물이 돌로 변합니다.

이제 동물의 뼈대는 바위로 둘러싸입니다. 빗물이 스며들어 뼈대가 녹으면 바위에 뼈대와 같은 모양의 구멍이 남아요. 광물질이 풍부한 물은 나중에 기체로 변해 날아가고, 바위는 단단하게 굳어 뼈대 모양이 새겨진 화석이 되지요.

삼엽충

동물의 뼈대

영국의 화석 발굴 전문가 메리 애닝은 열 세살 때인 1812년 처음으로 물에 살던 어룡의 뼈대를 발견했습니다. 그 뒤로 세계 곳곳에서 많은 공룡 뼈 화석이 발견되었습니다. 오늘날에는 과학 기술이 발전해 뼈 화석이 언제 만들어졌는지 알아낼 수 있어요. 공룡들은 약 2억 4천8백만 년 전에서 6천5백만 년 전에 살았습니다.

커다란 화석

지금까지 발견된 화석 가운데 가장 커다란 화석은 공룡 화석과 나무 화석입니다. 용각류라고 부르는 초식 공룡은 몸집이 가장 큰 육상 동물이었습니다. 키가 35미터에서 40미터나 되었어요. 용각류 뼈 화석의 어깨뼈 길이는 2.45미터, 넙다리뼈 길이는 1.8미터가 넘는답니다.

공룡 화석 모형

식물 화석

식물 화석은 식물의 잎이나 줄기, 뿌리, 열매가 매우 천천히 썩을 때 만들어집니다. 식물이 점토나 진흙, 모래 같은 퇴적물에 덮이면 천천히 썩는답니다. 육지에서 처음으로 살았던 식물은 이끼나 쇠뜨기, 고사리와 같은 종류였습니다. 자그마치 약 4억 년 전의 일이에요.

식물 화석에는 여러 가지가 있습니다. 어떤 화석은 식물에서 나온 조직이나 탄소 층이 남아 있고 어떤 화석은 퇴적물에 모양만 새겨져 있습니다. 또 세포에서 수분이 빠져나가고 광물질로 채워져 식물 모양 그대로 단단하게 굳은 화석도 있답니다.

암모나이트

암모나이트는 바다에 살다가 아주 사라진 동물의 화석입니다. 암모나이트를 표준 화석이라고도 불러요. 암석층에서 암모나이트를 찾으면 암석층이 언제 만들어졌는지 알 수 있기 때문입니다.

화석이 된 이 선사 시대 동물은 암모나이트입니다. 조개처럼 생겼고 껍데기가 있어요.

키워드 화석 뼈대 공룡 쇠뜨기
       탄소 암모나이트 표준 화석

동굴에 사람이 살았다고?

석회암과 같은 몇몇 암석은 다른 암석보다 쉽게 깎입니다. 이런 암석들은 빗물이 잘 통과해 투수성이 높다고 하지요. 물이 땅속으로 스며들어 투수성이 높은 암석에 닿으면, 암석을 깎아 내서 시간이 지날수록 구멍이 차츰 더 커집니다. 이렇게 동굴이 만들어져요.

동굴 벽화

1940년 프랑스 라스코에서 어린 소년 네 명이 학교 선생님을 모시고 그들이 찾은 동굴로 갔습니다. 17,000여 년 동안 아무도 발견하지 못한 동굴 벽의 그림들이 세상에 처음 모습을 드러냈어요.

오래전 옛날 화가들은 붉은색 흙과 노란색 황토로 그림에 색을 칠했습니다. 속이 빈 뼈에 황토를 넣어 입으로 불어 벽에 칠했을 거예요. 그 다음에 망간을 칠해서 검은색을 냈습니다. 스페인의 알타미라 동굴 벽에는 망간과 황토로 그린 들소가 있습니다. 옛날 사람들이 자주 사냥하던 동물을 그린 것이지요.

나미비아의 동굴 벽에서 발견된 선사 시대 부시먼 족의 벽화

동굴 도시 페트라

요르단 남서부에는 고대 도시 페트라가 있습니다. 페트라는 좁디좁은 골짜기를 지나가야 닿을 수 있기 때문에 오랫동안 아무도 찾지 못했어요. 페트라에는 이 지역에서 자주 볼 수 있는 분홍색 사암에 동굴처럼 새겨진 집, 극장, 사원, 무덤 들이 많이 있습니다.

요르단 페트라의 바위 표면에 새겨진 고대 왕의 무덤

선사 시대의 주거지

언덕이나 바위 절벽 옆면에 입구가 난 동굴은 선사 시대 사람들에게 훌륭한 집이었습니다. 옛날 사람들이 어떻게 살았는지 연구하는 인류학자들은 동굴에서 사람들이 생활한 흔적을 찾습니다. 불을 지핀 자국이나 흩어진 뼈를 찾지요. 동굴에 살던 사람들이 무엇을 먹었는지, 무엇을 입었는지 미루어 짐작하기도 합니다. 인류학자들은 오늘날 이스라엘에 있는 카프제 동굴에서 약 6만 년 전에 사람들이 살았다는 사실을 알아 냈습니다.

혈거인

혈거인은 동굴이나 바위 속에서 사는 사람을 말합니다. 오늘날에도 이란의 칸도반 마을에서는 사람들이 동굴에서 생활합니다. 칸도반 마을의 동굴 집은 오랫동안 활동하지 않은 휴화산에서 단단히 굳은 재를 파내 만들었습니다. 건물 4층 높이에 가까운 동굴 집도 있답니다.

칸도반 마을의 동굴 집

키워드 석회암   투수성   동굴   황토   망간
페트라   선사 시대   혈거인

깊은 땅속의 바위

지하 동굴 탐험은 무척 흥미진진합니다. 하지만 아무도 가 보지 않은 곳을 찾아가는 일이라서 위험하기도 해요. 지하 동굴로 들어가려면 깊고 좁은 구멍을 지나야 합니다.
동굴 탐험가들은 길고 튼튼한 밧줄을 타고 전등을 이용해서 지하 동굴까지 가는 길을 찾습니다.

종유석과 석순

센물에는 석회암을 이루는 탄산칼슘이 들어 있습니다. 그래서 석회암이 많은 곳에서 볼 수 있지요. 센물이 동굴로 흘러들면 물은 기체가 되어 날아가고 탄산칼슘만 남습니다. 탄산칼슘이 동굴 천장에 쌓여 고드름처럼 매달린 것을 종유석이라고 부릅니다. 센물이 동굴 바닥으로 떨어져 물이 증발하면 바닥에 탄산칼슘이 쌓입니다. 탄산칼슘이 차곡차곡 쌓여 뾰족하게 솟은 기둥을 석순이라고 해요.

동굴 천장과 바닥에 종유석과 석순이 생겼습니다.

암벽 등반가들은 깊은 동굴의 갈라진 틈이나 좁은 굴을 살펴봅니다.

바위로 만든 대피소

단단한 바위는 폭탄이 터질 때 숨을 수 있는 훌륭한 대피소입니다. 심지어 핵폭탄이 터져도 안에 있는 사람들을 보호해 줍니다. 샤이엔 산에 있는 북미항공우주방위사령부는 거대하고 단단한 화강암 덩어리 안에 지었습니다. 이 단단한 바위는 핵전쟁이 일어나도 사람들을 안전하게 지켜 줄 거예요.

키워드

동굴 탐험
탄산칼슘
종유석   석순
화강암

높이 높이 솟은 산

편편한 땅보다 훨씬 높이 솟은 땅을 보고 산이라고 합니다. 산과 산이 줄줄이 이어져 있으면 산맥이라고 불러요. 산맥은 지구 바깥쪽을 차지하는 지각판이 쉴 새 없이 움직이며 서로 충돌할 때 만들어집니다.

산맥

지구의 지각은 퍼즐 조각 같은 지각판으로 이루어졌습니다. 이 판들은 쉬지 않고 움직이며 서로 부딪힙니다. 대륙이 붙어 있는 판끼리 부딪히면 지각이 찌그러지고 휘어져서 산맥이 생깁니다. 판들이 서로 부딪히면 부딪힐수록 산은 더욱 높아집니다.

가장 높은 산

지구에 있는 대륙에서 가장 높은 산은 에베레스트 산입니다. 에베레스트 산은 네팔과 중국을 가르는 국경에 있는데 높이가 해발 8,848미터입니다. 그런데 지금도 계속 더 높아지고 있어요. 인도 판이 유라시아 판에 자꾸 부딪히기 때문입니다. 에베레스트 산이 있는 히말라야 산맥은 1년에 약 6.1센티미터씩 높아지고 있답니다.

두 개의 판이 서로 부딪혀서 가장자리가 찌그러지면 주름진 모양의 습곡 산맥이 생깁니다.

세계에서 가장 높은 에베레스트 산

키워드

지각판
대륙
에베레스트 산

미국 알래스카 주의 헌팅턴 산

지진은 왜 일어나는 걸까?

지진이 일어나면 사람들은 큰 피해를 입거나 생명을 잃을 수도 있습니다. 하지만 우리가 지진을 멈출 수는 없어요. 해마다 수백 번씩 땅이 흔들리고 떨리는 지진이 전 세계에서 일어납니다. 다행히도 많은 지진이 강도가 약해서 피해를 크게 주지 않아요.

2010년 칠레 발파라이소에서 일어난 지진으로 갈라진 건물 벽

지진 구호 활동

지진을 막을 수는 없지만, 적십자와 같은 자원봉사 단체들은 피해를 입은 사람들을 도우려고 달려갑니다. 태풍이나 홍수 같은 자연재해나 인간이 일으킨 재난에 따른 사망자를 줄이기 위해 애써요. 생존자의 건강을 보살피고 사람에게 옮을 수 있는 전염병도 막으려고 노력한답니다.

구조견은 지진으로 부서진 건물이나 돌더미 속에 묻힌 사람들을 찾아내게 훈련받습니다.

흔들리는 암석

지진은 지각의 약한 부분이나 지층이 갈라져 생긴 단층에서 자주 일어납니다. 두 개의 지각판이 맞붙으면 미는 힘이 점점 강해집니다. 그러다가 한순간 두 판이 세게 부딪히면, 바위들이 격렬하게 흔들리며 진동을 일으키는데, 이게 바로 지진파입니다. 지진파 때문에 땅이 흔들리지요. 지진파 가운데 실체파는 지표면 아래 진원에서 출발해서 퍼져 나갑니다. 진원에서 수직으로 올라가 지표와 만나는 곳이 진앙입니다. 지진파에서 표면파는 진앙에서 퍼져 나가 여러 피해를 입힙니다.

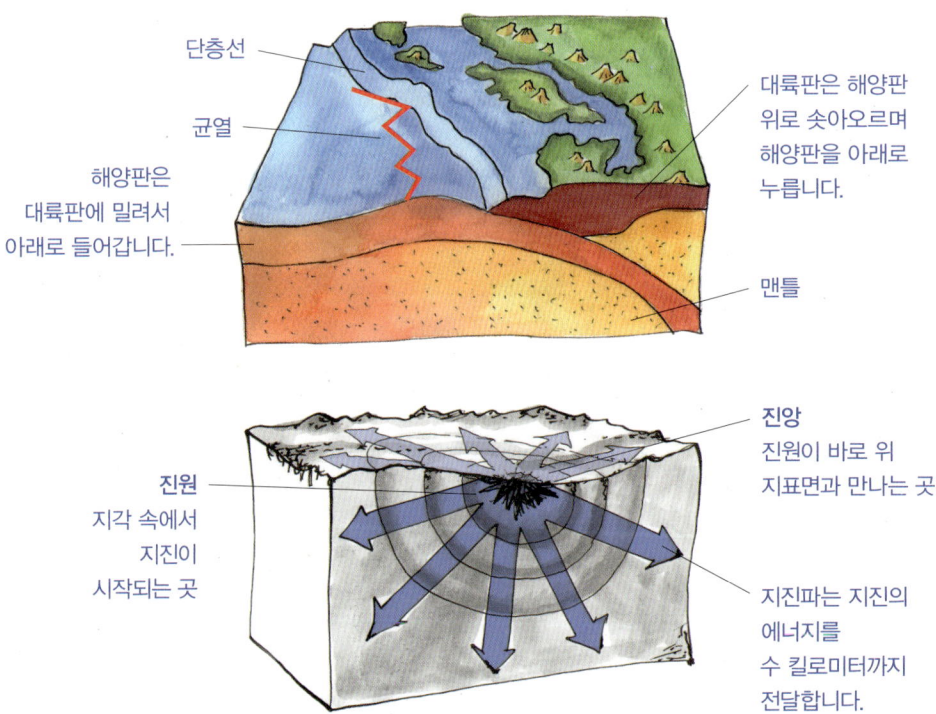

지진 측정

리히터 규모라는 말을 들어 보았나요? 리히터 규모는 미국 지진학자 찰스 리히터가 1930년대에 개발했습니다. 지진이 일어날 때 나오는 에너지의 양에 따라 지진의 크기를 나타내지요. 지진의 진동 크기는 보통 진도 0에서 진도 9.9 사이입니다. 진도 8 이상이면 다리와 도로가 무너질 수 있어요. 지진학자들은 모멘트 규모라는 단위도 사용합니다. 모멘트 규모 9의 지진이 일어나면 바닷물이 육지로 넘쳐 들어오기도 합니다.

지진학

지진학은 지진을 일으키는 지진파를 연구합니다. 지진에 대한 정보는 물론이고 지구의 구조가 어떻고, 지구 속에서 어떤 일이 벌어지는지 알려 줍니다. 화산이 폭발하기 전에 지진이 일어날 때가 많은데, 지진학자들은 지진을 조사해서 모은 정보로 언제 지진이나 화산 폭발이 일어날지 미리 알아보려고 애씁니다.

지진학자는 지진계를 사용해 지진이 일어나는 동안 땅이 얼마나 흔들리는지 잽니다. 지진계는 지진파의 세기에 따라 높거나 낮게 퍼져 나가는 물결 모양을 종이에 그립니다.

지진파 기록

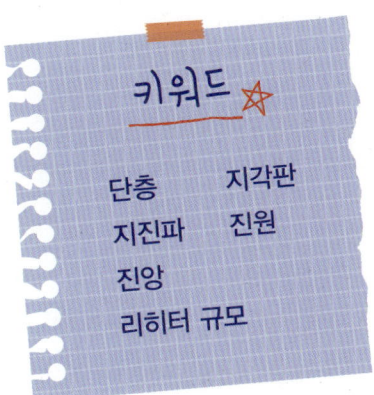

키워드
단층   지각판
지진파 진원
진앙
리히터 규모

세계에서 가장 높은 산

산은 두 개의 지각판이 서로 부딪힐 때 만들어집니다. 판의 가장자리에 있는 바위들이 찌그러지면서 산맥이 생겨요. 알프스 산맥과 히말라야 산맥도 이렇게 만들어졌습니다.

산과 골짜기

히말라야 산맥은 약 5천만 년 전 인도 판이 유라시아 판과 충돌했을 때 생겼습니다. 두 판이 부딪히자 바위들이 휘고 일그러졌어요. 인도 판은 지금까지도 해마다 약 5센티미터의 속도로 유라시아 판을 밀고 있습니다. 바위가 아래쪽으로 휘면 산맥과 산맥 사이에 골짜기가 만들어져요. 골짜기는 지층이 갈라지면서 바위들이 떨어질 때에도 생깁니다.

수목한계선과 설선

산을 오르면 1,000미터마다 기온이 섭씨 6.5도 정도 내려갑니다. 높이에 따라 살고 있는 식물의 종류도 달라져요. 정해진 높이보다 더 올라가면 나무가 더 이상 자라지 않습니다. 이러한 높이를 수목한계선이라고 합니다. 수목한계선보다 높은 곳에서는 관목, 키 작은 풀, 이끼 등이 자라요. 더 높이 눈이 녹거나 녹지 않는 높이를 가르는 설선을 지나면 바닥에 항상 눈이 쌓여 있습니다. 남극과 북극의 설선은 해수면과 높이가 같습니다. 반면에 적도의 설선은 해수면에서 약 5,000미터 떨어진 높은 곳에 있습니다.

언덕 너머로 눈 쌓인 산봉우리가 보입니다.

층층의 바위 조각들이 오랜 시간 동안 쌓이면서 눌리고 단단해져서 여러 종류의 바위로 변했습니다.

등산

산에 올라가려면 여러 기술과 용기가 필요합니다. 등산가들은 밧줄, 아이젠, 얼음 깨는 송곳과 같은 특수한 장비를 사용합니다. 특히 깎아지른 절벽이나 얼음이 많은 산을 오를 때는 갈라진 틈이 숨어 있거나 여러 가지 위험한 일이 생길 수 있기 때문에 더욱 조심해야 합니다. 산을 높이 오르면 공기가 부족해져서 숨을 쉬려면 산소마스크가 필요합니다. 공기의 압력인 기압이 낮아지는 것에도 익숙해져야 하지요. 높은 산꼭대기의 기압은 해수면 가까운 곳의 절반밖에 되지 않습니다.

어느 암벽 등반가가 경사가 심한 암벽을 오르려고 안간힘을 쓰고 있습니다.

등산 안내인 셰르파

셰르파는 네팔에서도 히말라야 산맥 아주 높은 산비탈 가까이에 사는 사람들입니다. 히말라야 산맥에서 가장 높은 산은 세계에서 가장 높은 산이기도 한 에베레스트 산입니다. 많은 사람이 에베레스트 산을 오르고 싶어 하지요. 셰르파는 등산 안내인으로서 사람들을 이끌고 이 위험한 산을 올라갑니다.

높이 올라갈수록 공기에 있는 산소가 점점 줄어듭니다. 그래서 많은 사람이 정상까지 가지 못해요. 그런데 셰르파는 이런 환경에 적응했습니다. 게다가 등산 기술이 뛰어나고 경험이 많기로 유명합니다.

히말라야 산맥에서 셰르파가 등산가의 짐을 나르고 있습니다.

키워드 히말라야 산맥 골짜기 수목한계선 등산가 아이젠 기압 셰르파 산소

바위로 만든 도로

사람들은 수천 년 동안 바위로 도로를 만들었습니다. 어떤 때는 언덕을 넘어가는 길보다 언덕을 뚫고 지나가는 터널을 만드는 편이 낫지요.

바위의 무게를 나누어 버티는 아치 구조가 발명되자 터널 짓는 일이 한결 편해졌습니다. 아치 구조에서는 바위가 아래 방향뿐 아니라 옆 방향으로도 누르기 때문에 무게가 나눠집니다.

자갈길

옛날에는 도로에 돌을 깔았습니다. 유럽의 오래된 도시에서는 지금도 자갈길을 볼 수 있습니다. 마차들이 일 년 내내 이런 돌길을 지나다녔지요. 돌길에 쓰는 자갈은 작고 둥근 돌입니다. 돌길은 자갈을 모래 위에 얹고 회반죽을 발라 붙여서 만듭니다.

작고 둥근 돌로 포장한 이탈리아의 도로

알프스 산맥의 도로

산맥은 도로를 건설하는 사람들이 맞닥뜨리는 큰 걸림돌입니다. 산맥에서는 도로의 경사가 급하지 않도록 골짜기에 길을 내거나 산비탈에 지그재그로 천천히 올라가는 길을 만들어야 합니다.

알프스 산맥에서 가장 유명한 도로는 오스트리아의 그로스글로크너 도로입니다. 이 길은 초원을 지나 녹지 않는 눈과 얼음이 있는 곳까지 이어집니다. 도로를 만들면서 87만 세제곱미터의 바위와 흙을 다른 곳으로 옮겼지요.

이탈리아 알프스 산맥의 돌로미테 산악 지대에 있는 지그재그 도로

도로용 터널

산을 뚫고 터널을 만들어야 할 때, 기술자들은 구멍을 뚫어 화약을 넣고 폭파하거나 터널 굴착기를 이용합니다. 구멍을 뚫어 화약을 쓸 때는 보통 화약을 한 번 터뜨립니다. 터널 굴착기는 마치 짐승처럼 땅속에 굴을 파기 때문에 '두더지'라는 별명이 붙었습니다. 터널 굴착기 앞쪽에는 바위를 날카롭게 파헤치는 커터헤드가 빙빙 돌아갑니다. 터널 굴착기에는 에너지를 공급하는 전원 장치와 기계가 흔들리지 않게 고정하는 장치도 있고, 광부들을 보호하는 구조물도 있습니다.

바위에 뚫은 아치형 터널

현대식 터널 굴착기

바위 폭파하기

도로를 만들다 보면 가끔은 바위를 좀 더 쉽게 치우기 위해 폭파해야 할 때가 있습니다. 이럴 때 여러 가지 방법을 쓸 수 있지요. 그중 하나는 로켓 추진식 화약통을 바위 속에 밀어 넣는 것입니다. 기술자들은 치우고 싶은 바위의 어느 곳에 얼마나 깊게 구멍을 뚫어야 하는지 정확히 계산해야 합니다. 바위에 뚫은 구멍에 화약통을 집어넣고 화약을 폭발시키면 바위가 산산조각 납니다.

도로 표면은 부서진 돌과 원유가 혼합된 아스팔트로 포장합니다.

키워드

터널
자갈길
터널 굴착기

작은 바위 조각들

자갈과 모래는 바위가 부서져 생긴 아주 작은 조각들입니다. 모래는 자갈보다 더 잘아요. 모래는 시멘트와 콘크리트를 만들거나 유리를 만들 때 씁니다.
자갈은 도로를 포장하거나 콘크리트를 만들 때 거친 골재로 사용하지요. 골재란 건물이나 시설을 세울 때 쓰이는 여러 광물질을 통틀어 가리키는 말입니다.

모래

모래는 석영과 같은 아주 작은 돌 조각으로 이루어졌습니다. 수백 년 동안 바닷물이 바위를 침식한 바닷가에서 모래를 찾아볼 수 있답니다. 모래 알갱이는 2밀리미터보다 작아요.

사막에도 모래가 있습니다. 사막은 빗물의 양보다 액체에서 기체로 증발하는 물의 양이 더 많을 때 생깁니다. 판판한 사막에서는 바람의 속력과 방향에 따라 모래 언덕인 사구가 여러 모양으로 생겼다 없어졌다 합니다. 바르한 사구는 초승달 모양이고, 세이프 사구는 똑바르게 뻗어 있어요.

모래를 파내 공장으로 보냅니다. 공장에서는 모래를 크기에 따라 분류합니다.

자갈

자갈은 크기가 2밀리미터보다 큰 퇴적암 조각으로 만듭니다. 돌 조각들이 물과 바람에 휩쓸려 이동하는 침식 작용으로 자갈이 생기기도 합니다.

자갈은 강가에서 볼 수 있답니다. 물이 천천히 흐르는 곳에서 퇴적물로 쌓이곤 하지요. 이런 자갈을 파내서 콘크리트나 아스팔트, 회반죽을 만드는 골재로 씁니다. 이렇게 채취한 자갈은 부수고 깨끗이 씻어 크기에 따라 나눕니다.

스페인 카나리아 제도 란사로테 섬에서는 화산에서 흘러나온 용암이 깎여 비옥한 흙이 되었습니다.

흙

지구의 땅은 거의 한 층의 흙으로 덮여 있습니다. 흙은 서로 다른 두 부분으로 이루어져 있어요. 흙의 위층에는 공기, 물, 작은 생물들과 썩어 가는 동식물이 들어 있습니다. 한때 살아 있었던 생물이 들어 있는, 이 흙을 부엽토라고 합니다.

흙의 아래층에는 작은 돌 조각, 모래, 점토가 들어 있습니다. 1.5센티미터의 흙이 자연적으로 쌓이는 데 500년이라는 시간이 걸립니다.

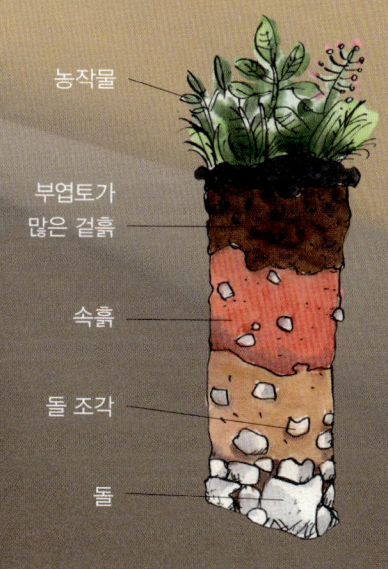

- 농작물
- 부엽토가 많은 겉흙
- 속흙
- 돌 조각
- 돌

키워드 자갈 모래 시멘트 콘크리트 골재
석영 바르한 사구 세이프 사구
퇴적암 침식 작용 부엽토

건물은 무엇으로 지을까?

오늘날 사람들이 생활하는 건물은 돌로 지을 수도 있지만, 돌을 다른 재료와 섞은 건축 자재를 더 많이 사용합니다. 예를 들어 시멘트는 점토와 석회암에서 얻은 석회와 물을 섞어 만듭니다. 시멘트는 콘크리트를 만들 때 넣는 중요한 원료이기도 하지요.

시멘트

시멘트는 돌과 같은 여러 물질을 단단하게 붙이는 접착제입니다. 석회암과 점토를 조심스럽게 섞어서 섭씨 1,450도의 가마에 넣고 열을 가하면 클링커라는 딱딱한 물질이 만들어집니다. 클링커와 석회질 광물인 석고를 섞어서 잘게 부수면 시멘트가 됩니다.

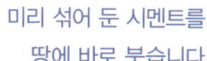
미리 섞어 둔 시멘트를 땅에 바로 붓습니다.

콘크리트

콘크리트는 아주 튼튼해서 건설 자재로 씁니다. 시멘트와 골재, 물을 섞어서 콘크리트를 만들지요. 골재로는 자갈, 부서진 돌, 모래, 재를 씁니다.

콘크리트를 이용해서 도로, 다리, 벽, 파이프를 만들 수 있어요. 콘크리트는 사람이 만든 인공 재료 가운데 가장 많이 쓰이는 물질입니다.

아주 높은 건물은 강화 콘크리트로 짓습니다.

주춧돌

건물을 지으려면 가장 먼저 튼튼한 주춧돌이 필요합니다. 주춧돌은 건물을 이루는 한 부분으로서 땅속에서 건물의 무게를 받쳐 줍니다. 굳고 단단한 주춧돌은 벽과 지붕의 무게를 덜어 주어서 건물이 무너지지 않게 합니다.

주춧돌은 보통 콘크리트로 만듭니다.

벽돌

사람들은 수천 년 동안 벽돌로 집을 지었습니다. 현대식 벽돌은 여러 가지 점토로 만들어요. 점토를 직육면체 모양으로 빚어 가마에서 구워 단단하게 굳히지요. 가마의 온도는 섭씨 1,000~1,200도까지 올라갑니다.

솜씨 좋은 벽돌공들은 벽돌을 하나씩 겹치게 쌓으면서 회반죽을 발라 붙입니다.

슬레이트 지붕

지붕은 비, 눈, 더위, 바람에 건물을 보호해야 합니다. 지붕은 짚이나 나무로도 이을 수 있지만, 오늘날에는 돌 조각인 기와를 겹쳐서 만들어요. 기와로는 슬레이트를 자주 씁니다. 슬레이트는 150년 이상 사용할 수 있어 지붕 재료로 쓰기에 가장 좋아요. 슬레이트 말고 화강암, 석회암, 사암으로도 기와를 만듭니다.

슬레이트를 겹쳐 붙여서 만든 지붕

대리석

대리석은 변성암입니다. 변성암은 지각 속에서 높은 열과 압력을 받아 성질이 변한 암석이에요. 대리석은 석회암의 성질이 변해서 만들어졌습니다. 조각상, 벽난로, 작업대, 도마, 장식품, 묘비 등 여러 가지로 쓰이는 아름다운 암석입니다.

인도에 있는 이슬람 건축물 타지마할은 흰 대리석으로 지었습니다.

석회암

석회암은 물러서 깎아 내거나 모양을 바꾸기 쉽습니다. 석회암은 주로 탄산칼슘으로 만들어지는데 산성비를 맞으면 쉽게 침식됩니다. 그래서 석회암으로 만든 조각품은 시간이 지나면 닳습니다.

석회암은 도로를 포장하는 돌을 만들 때도 씁니다. 석회암으로 만든 검은 포장용 판돌은 인도에서 들여와요. 포장용 판돌은 테라스의 바닥에 깔거나 정원에 지나다니는 통로를 만들 때 씁니다.

키워드 ★ 점토 석회암 클링커 석고 콘크리트
주춧돌 벽돌 가마 슬레이트 대리석

돌이 알려 주는 수천 년의 역사

옛날부터 사람들은 기록을 남기거나 역사에서 중요한 사건을 글로 옮길 때 여러 가지 돌을 사용했습니다. 사람 이름이나 장소를 기억하기 위해 돌에 글씨를 새겨 세워 놓았지요.
그림 문자와 물건의 모양을 본떠 만든 상형 문자는 맨 처음 점토판을 긁어내서 적은 글자입니다.

돌에 새긴 그림

오늘날 이라크 땅에 살았던 고대 메소포타미아의 수메르 사람들은 약 5,000년 전에 점토판에 글씨를 썼습니다. 흙덩어리인 점토에 글을 쓰기란 쉽지 않았습니다. 그래서 단순한 그림을 이용한 그림 문자로 글을 썼어요. 그림들은 저마다 어떤 개념이나 물체를 나타냈습니다.

그러다가 나중에는 그림 문자 말고 쐐기 모양의 기호로 이루어진 설형 문자를 썼습니다. 갈대로 만든 펜으로 점토를 눌러 자국을 냈지요. 고대 이집트에서는 그림 문자가 상형 문자로 발달했습니다. 상형 문자 하나하나는 물체나 소리, 개념을 나타냅니다.

수메르 사람들이
점토에 쓴 설형 문자

고대의 비문

벽이나 문 위에 걸린 현판에 새긴 글을 비문이라고 합니다. 묘비나 기념비에 새기기도 하지요. 우리는 옛날 사람들이 돌에 남긴 글을 읽으면서 고대 문화를 배울 수 있습니다. 고대 그리스 사람들은 신이나 이름난

군인에게 바치는 글을 썼습니다. 이러한 글을 석회암 같은 돌에 새기기도 했답니다.

고대 로마 사람들은 수천 개의 글을 남겼습니다. 오늘날의 이탈리아 로마에 있는 파브리키우스 다리에는 아주 오래된 글이 새겨 있습니다. 거리를 관리하는 행정관의 이름을 표시했다고 합니다.

키워드

그림 문자
설형 문자
상형 문자

영국에 있는 스톤헨지는 둥글게 늘어선 커다란 돌기둥 기념물입니다. 고대에 태양을 숭배하던 사람들이 지은 것일까요?

돌로 만든 기념비

커다란 기념비는 뛰어난 업적이나 훌륭한 사람을 기립니다. 돌은 오래오래 원래 모습 그대로 변하지 않아 기념비를 돌로 만들 때가 많아요.

이스터 섬에는 모아이라고 부르는 오래되고 커다란 석상들이 줄지어 서 있습니다.

오벨리스크

이집트 카르나크
신전의 오벨리스크

최초의 오벨리스크는 고대 이집트 사람들이 세웠습니다. 오벨리스크란 끝을 뾰족한 피라미드 모양으로 깎은 사각기둥입니다. 이집트의 오벨리스크는 주로 단단한 화강암 한 덩어리로 만들었는데 무게가 몇 톤씩 나갑니다. 이집트 사람들은 이집트 남동부 아스완에서 돌을 캐서 만든 오벨리스크를 배에 실어 나일 강을 따라 목적지로 보냈어요.

이 커다란 기둥을 도대체 어떻게 세웠을까요. 아직까지 아무도 그 방법을 알아내지 못했답니다. 사람들은 신에게 바치는 선물로 신전 앞에 오벨리스크 한 쌍을 세우기도 했습니다. 오벨리스크에는 전쟁에서 이긴 이야기와 같은 중요한 사건을 글로 새겼습니다.

절벽에 새긴 얼굴들

러시모어 산은 미국 사우스다코타 주의 블랙힐스 산맥에 있는, 화강암으로 이루어진 산입니다. 조각가 거츤 보글럼은 러시모어 산에 미국 대통령을 지낸 조지 워싱턴, 토머스 제퍼슨, 시어도어 루스벨트, 에이브러햄 링컨의 얼굴을 새겼어요. 보글럼은 1927년 400명의 조각가와 함께 작업을 시작했습니다. 약 20미터 길이의 얼굴 조각상들은 1941년에 완성되었습니다. 네 명의 대통령은 미국 역사에서 첫 150년을 대표합니다. 그들은 해발 1,600미터에서 아래를 내려다보고 있습니다.

미국 러시모어 산의 바위에는 네 명의 미국 대통령 얼굴이 새겨 있습니다.

오래된 묘비에는 죽은 사람을 기억하는 글이 적혀 있습니다.

돌을 쌓아 만든 케른은 특별한 장소나 지나온 길, 무덤 자리 등을 표시합니다.

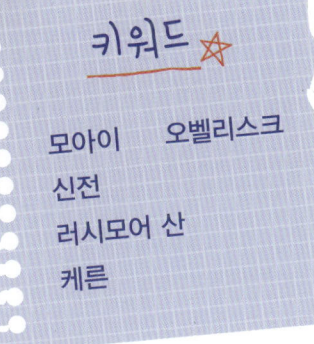

키워드

모아이   오벨리스크
신전
러시모어 산
케른

역사가 있는 세계의 건축물

맨 처음에 사람들은 나무로 건물을 지었습니다. 그러다 더 나은 도구가 발명되자, 바위나 돌로 크고 튼튼한 건축물을 만들었지요. 돌로 만든 옛날 건축물 가운데 지금까지 남아 있는 것도 있습니다. 수천 년 전에 지은 이집트의 피라미드는 오늘날에도 제자리에 서 있어요.

지구라트

약 4,000년 전 고대 메소포타미아의 몇몇 도시는 강력한 지도자 우르남무가 다스리고 있었습니다. 우르남무는 자신의 힘을 자랑하여 보이기 위해 진흙과 벽돌로 지구라트라는 기념탑을 세웠습니다. 넓고 편편한 사각 기단 위에 여러 개의 작은 기단을 쌓아 만들었지요. 가장 높은 기단 위에는 신전을 지었습니다.

미얀마 바간에 천 년 전에 세워진 지구라트 모양 신전

피라미드

고대 이집트 사람들은 4,500여 년 전부터 피라미드를 짓기 시작했습니다. 기자에 있는 세 개의 커다란 피라미드가 가장 잘 알려져 있어요. 고대 이집트 왕인 쿠푸의 피라미드는 230만 개의 돌덩어리로 만들었는데 돌덩어리 하나의 무게는 약 2.5톤이었습니다. 마지막에는 피라미드 바깥쪽을 반짝이는 흰 석회석으로 감쌌어요. 여러 개의 경사로를 쓰거나 계단을 쌓아 올려 피라미드를 지었답니다.

기자에 있는 3대 피라미드

멕시코의 피라미드

중앙아메리카에 살았던 마야 사람들과 멕시코에 살았던 아즈텍 사람들도 피라미드를 지었습니다. 각 층을 아래층보다 조금 작게 지어서 피라미드 옆면에 계단 무늬를 만들었는데 네 면에 모두 계단이 있어요.

세계에서 가장 큰 피라미드는 멕시코에 있는 촐룰라 피라미드입니다. 촐룰라 피라미드는 모래와 점토, 물, 짚을 섞어 만든 어도비 벽돌과 바위로 지어졌습니다.

멕시코 테오티우아칸의 피라미드

미케네 왕국

미케네 왕국은 기원전 1300년경부터 크게 발전하기 시작해서 약 100년 동안 유지되었습니다. 미케네 성채에 있는 이름난 사자문에는 머리가 없는 두 마리 사자상이 있고, 그 사이에 아래쪽으로 갈수록 가늘어지는 기둥이 있습니다. 미케네의 왕과 왕족들은 한쪽 끝에 커다란 난로가 있는 넓은 방에서 살았답니다. 돌로 지은 이 고대 도시의 유적은 오늘날까지 남아 있습니다.

그리스 미케네의 사자문

파르테논 신전

파르테논은 아테네의 고대 그리스 유적인 아크로폴리스 광장에 세워진 신전입니다. 고전기 그리스 건축물로, 기원전 447년에서 432년 사이에 대리석으로 지었습니다. 그리스 여신 아테나에게 바친 신전이지요. 신전 안에는 상아와 금으로 만든 거대한 여신상이 있었답니다.

신전 앞면에는 고대 그리스 건축 양식인 도리스식으로 만든 여덟 개 기둥을, 옆면에는 열일곱 개 기둥을 세웠습니다.

고대 로마의 아치

고대 로마의 건축가들은 벌써 2천 년 전에 돌로 무지개같이 굽은 모양의 아치를 만드는 기술을 개발했습니다. 먼저 목재로 만든 틀 위에 돌을 쌓고 쐐기돌을 한가운데 끼웁니다. 그러고는 틀을 떼어 내면 아치가 그대로 서 있습니다. 이러한 아치들은 매우 튼튼해서 오늘날에도 남아 있습니다.

고대 로마의 극장

고대 로마 사람들은 도로와 신전을 잘 만들기로 유명했습니다. 또 즐겁게 놀기 위해서 건물을 짓기도 했습니다. 원형 경기장은 운동 경기를 하거나 검투사가 실력을 뽐내며 겨루는 곳으로, 구경할 때 앉을 수 있는 자리가 둥글게 마련되어 있어요. 고대 로마 사람들은 공연을 보기 편하게 계단식 좌석이 있는 극장도 세웠답니다.

터키 파묵칼레에 있는 고대 로마의 극장

키워드 지구라트 신전 경사로 어도비 벽돌
성채 파르테논 쐐기돌 원형 경기장

땅속에서 연료가 나와요

오늘날 매일 사용하는 연료는 거의 땅속에서 나옵니다. 연료는 우리가 따뜻하게 지내고, 불을 밝히고, 장소를 이동하고, 다른 사람과 연락할 때 필요한 에너지를 제공합니다. 연료에는 석탄, 석유, 천연가스가 있어요. 하지만 이러한 연료를 이루는 물질은 원래 땅속이 아니라 땅 위에 있었답니다.

탄소

살아 있는 모든 것은 탄소가 들어 있는 화합물로 이루어져 있습니다. 탄소는 바위, 석탄, 석유나 여러 광물에 들어 있습니다. 다이아몬드와 연필심에도 있답니다. 모든 생명체에 포함되어 있어요.

우리는 에너지를 얻으려고 석탄을 태우고, 기계와 자동차를 움직이기 위해 경유와 휘발유를 사용합니다. 탄소는 석탄, 석유를 만드는 가장 중요하고 기본적인 요소입니다. 지구에서 물질을 구성하는 화학 원소 가운데서도 매우 중요해요.

암석층 사이에 들어 있는 석유

석유

석유는 수천 년 동안 연료로 쓰였습니다. 하지만 석유는 한 번 쓰면 다시 사용할 수 없는 에너지원입니다. 지구에 있는 석유를 다 쓰고 나면 더는 석유처럼 사용할 수 있는 물질이 없습니다. 석유가 아예 사라지는 것이지요. 석유는 탄소로 이루어졌습니다. 수억 년 전 물속에 살았던 식물과 동물로 만들어졌지요. 동식물이 죽고 나서 남은 유해가 아주 오랫동안 모래와 고운 흙으로 덮여 있다가 압력과 열을 받아 천천히 석유로 변했답니다.

원유 정제하기

땅속에서 막 파낸 석유를 원유라고 부릅니다. 원유에 섞여 있는 불순물을 없애 순수하게 만들어야 쓸모 있는 물건을 만들 수 있습니다.

원유에서 혼합물을 분리하고 불순물을 없애는 일을 정제한다고 합니다. 정유 공장에서는 석유를 정제해서 연료와 윤활유를 생산합니다.

땅속 깊은 샘에서 뿜어져 나오는 원유

천연가스

석유가 있는 곳에는 흔히 천연가스도 있습니다. 천연가스도 석유, 석탄과 같은 화석 연료입니다. 주로 메탄가스로 이뤄져 있는데 여러 가지 기체가 섞여 있습니다. 천연가스도 석유와 석탄처럼 오랜 시간에 걸쳐 동식물이 썩으면서 만들어져요. 천연가스는 색깔도 냄새도 맛도 없어서 위험할 수 있습니다. 그래서 천연가스에 썩은 달걀 냄새가 나는 화학 물질을 일부러 넣는답니다.

가스관으로 천연가스를 옮겨 탱크에 저장합니다.

키워드 ☆   연료   석탄   석유   천연가스   탄소   다이아몬드   연필심   휘발유   원유   정유 공장   화석 연료

뜨거운 땅속 열 에너지

물은 섭씨 100도에서 끓기 시작합니다. 이때 물이 기체로 변하며 증발하는데 뜨거운 수증기를 내보냅니다. 수증기는 액체인 물보다 1,600배나 부피가 크지요. 이렇게 물질의 상태가 변할 때 부피가 크게 차이 나면 매우 강력한 에너지를 만들 수 있습니다.

간헐천

이따금 지구의 핵에서 나온 열이 맨틀까지 전달되면 마그마가 지각을 뚫고 나옵니다. 맨틀까지 스며든 물이 열을 받아서 뜨거워지면 마그마 바로 위에 지열 저수지가 생기지요. 이 저수지에서 생긴 수증기가 땅 위로 나오면 수증기를 뿜었다가 멎었다가 하는 간헐천과 온천, 화산 가스를 내뿜는 분기공이 만들어집니다. 미국 옐로스톤 국립공원에는 간헐천을 비롯한 온천이 1만 여 개나 있어요.

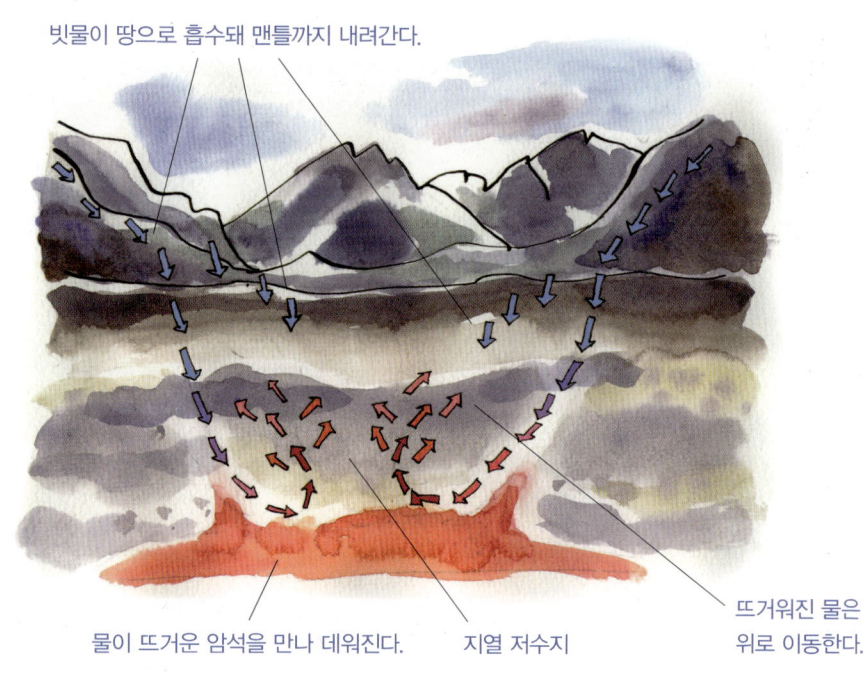

빗물이 땅으로 흡수돼 맨틀까지 내려간다.

물이 뜨거운 암석을 만나 데워진다.

지열 저수지

뜨거워진 물은 위로 이동한다.

지열 발전소

지열 저수지가 지표면에서 몇 킬로미터 깊이에 있다면, 저수지 위에 지열 발전소를 지을 수 있습니다. 발전소에서는 땅에 우물을 뚫고 관을 사용해 뜨거운 물을 땅 위로 길어 올립니다. 지열 발전소는 간헐천에서 생기는 열을 이용해서 전기를 생산하기도 합니다. 아이슬란드의 수도 레이캬비크는 지열 발전으로 도시 난방을 거의 해결해요.

아이슬란드의 지열 발전소

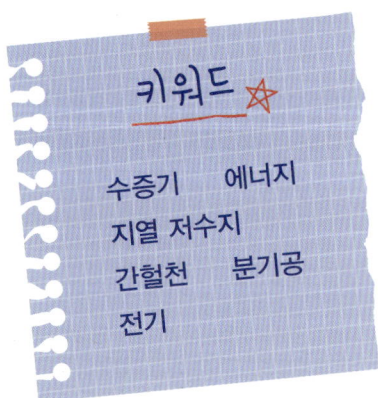

키워드

수증기   에너지
지열 저수지
간헐천   분기공
전기

땅속 천연 샘에서 수증기가 뿜어져 나옵니다.

석탄과 철은 어디서 날까?

지구의 지각에 쌓인 단단한 광물이나 돌을 암석이라고 합니다. 사람들은 여러 가지 돌을 저마다 다르게 사용합니다. 석회암이나 화강암으로는 건물을 지어요. 어떤 돌은 잘게 나눠서 주석, 철과 같은 유용한 금속이나 금, 은과 같은 귀금속을 얻지요.

원석

우리는 은이나 철, 주석을 캐기 위해 광산을 개발합니다. 그런데 광산에서 캐는 것은 금속이 아니라 금속이 들어 있는 원석입니다. 원석이 크더라도 거기서 얻는 금속의 양은 아주 적을 때가 많답니다.

구리 원석에는 보통 0.5~2퍼센트의 구리가 들어 있습니다. 원석은 어떻게 캘까요? 먼저 땅속으로 사람이 드나들 수 있는 수직 갱도를 알맞은 깊이까지 파고, 거기서 수평 갱도를 뚫어 원석을 찾습니다. 원석이 지표면에 가까이 있고 흙만 없애면 파낼 수 있을 때는 갱을 만들지 않고 직접 파내기도 합니다.

철광석

철광석은 금속 원소 철이 들어 있는 원석입니다. 철광석에는 몇 가지 종류가 있어요. 황갈색인 갈철석에서는 매우 순수한 철을 얻을 수 있습니다. 자철석은 검은색인데, 산화철 결정, 즉 녹이 들어 있어 자석이 갖는 성질인 자성이 강합니다. 황철석은 금이 아닌데 금빛으로 빛나서 '바보의 금'이라고 해요. 철과 황으로 이루어졌지요. 붉은빛을 띠는 적철석도 철을 만드는 데 씁니다.

철을 캐는 채굴장

석탄 캐기

채굴은 석탄 같은 연료를 땅속에서 캐는 일입니다. 오늘날에는 거의 천공기, 채광 전단기, 연속 채탄기나 빙빙 돌아가며 석탄을 잘라 내는 굴착기 등 커다란 기계로 석탄을 캡니다. 먼저 석탄층까지 갈 수 있게 수직 갱도를 팝니다. 그러고 나서 석탄층에서 수평으로 갱도를 파요.

땅의 겉면에서도 석탄을 조금 캘 수 있습니다. 이를 노천 채굴이라고 해요. 그런데 노천 채굴은 환경에 나쁜 영향을 줍니다. 땅에 살던 식물과 동물을 쫓아내서 생태계를 무너뜨리기 때문입니다.

강철 만들기

강철은 합금의 한 가지입니다. 철에 적은 양의 탄소, 실리콘, 니켈, 크로뮴을 섞어 만듭니다.

먼저 철광석에서 불순물을 제거한 다음 커다란 용광로에 넣고 녹이는데, 코크스 등 몇 가지 물질을 써서 철광석을 금속과 찌꺼기인 슬래그(광재)로 나눕니다. 이렇게 만든 강철은 다리와 고층 건물을 지을 때 씁니다.

용광로에서 녹고 있는 붉고 뜨거운 액체 철

광부들은 갱도를 지나
땅속으로 내려가
석탄을 캐러 갑니다.

키워드

광산　　원석
철광석　채굴
생태계　합금

밝게 반짝이는 돌

보석이라고 하면 다이아몬드나 루비처럼 밝게 반짝이는 돌이 떠올라요. 보석은 바위에 들어 있는 가공하지 않은 귀한 광물로 만듭니다.

보석의 색깔은 원래 들어 있던 광물에 따라 달라요. 어떤 보석은 아주 단단한데 다이아몬드는 지구의 모든 천연 물질 가운데 가장 단단하답니다.

보석 가공하기

보석을 다듬어 가공하는 사람을 보석 세공사라고 합니다. 아직 가공하지 않은 보석은 '원석'이지요. 세공사는 원석을 톱으로 자르고, 사포로 문지르고, 표면을 반질반질하게 해서 다듬습니다.

원석을 작은 크기로 나눌 때에는 다이아몬드 톱을 씁니다. 금속으로 만든 원형 톱니바퀴에 다이아몬드 가루를 묻힌 도구예요. 원석을 갈 때에는 흐르는 물속에서 강도를 조절할 수 있는 탄화규소 톱니바퀴로 갑니다. 그러고는 사포로 문질러서 긁힌 자국을 없애고 모양을 잡습니다. 마지막으로 산화주석 가루로 갈고 닦으면 보석에서 반짝반짝 윤이 납니다.

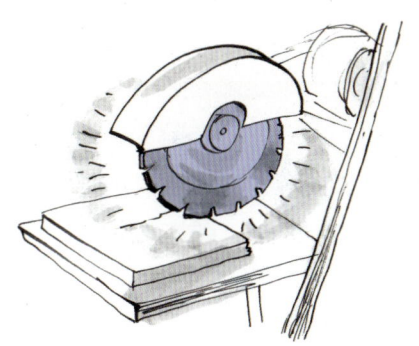

다이아몬드

다이아몬드는 아주 단단하기 때문에 다른 물질의 모서리를 자르거나 윤을 내기 위해 문질러 닦을 수 있습니다. 산업용 다이아몬드는 바위를 파고 뚫거나 유리를 자르고, 특수한 톱으로 쓰기도 하지요. 색깔이나 모양에 흠이 있는 다이아몬드를 이렇게 이용한답니다.

희귀한 보석들

다이아몬드, 에메랄드, 루비, 사파이어와 같은 보석은 매우 귀한 광물입니다. 요즘에는 보석 가운데 다이아몬드의 인기가 높습니다. 전에는 루비와 사파이어처럼 색이 있는 보석이 더 사랑받았어요. 1900년대에 남아프리카의 광산에서 다이아몬드를 대량으로 생산하기 시작하자, 광산 주인들은 다이아몬드를 구하기 힘들게 만들어 가격을 비싸게 받으려고 캐내는 양을 제한했답니다.

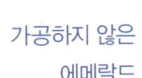
가공하지 않은
에메랄드

가공하지 않은
거친 다이아몬드

러시아 야쿠티야에 있는
다이아몬드 광산

준보석

준보석은 보석만큼 비싸거나 가치가 높지 않은 돌입니다. 사람들은 1800년대 중반이 되어서야 준보석과 보석을 구분했습니다. 당시 준보석은 상품으로서 가치가 덜한 보석을 말했어요. 오늘날 보석상들은 준보석이라는 말을 잘 쓰지 않습니다. 알렉산드라이트, 석류석, 남옥, 탄자나이트와 같은 몇몇 준보석은 루비나 사파이어만큼 비싸기 때문입니다.

보석에 버금가는 준보석인 홍연석은 납이 들어 있습니다.

보석 장신구

인간은 수천 년 동안 보석으로 장신구를 만들어 왔습니다. 고대 이집트 사람들은 금으로 팔찌와 펜던트, 목걸이 등을 만들었어요. 이탈리아의 에트루리아 사람들은 안에다 향수를 채울 수 있는 금 펜던트를 만들었습니다.

1200년대 유럽에서는 보석 장신구가 지위를 나타내는 상징이었습니다. '사치 규제법'을 만들어 농부와 장인, 평민들은 금이나 은, 보석을 장신구로 착용하지 못하게 금지했지요. 오늘날에는 누구라도 능력만 된다면 어떤 보석이든지 가질 수 있습니다.

보석으로 장식한 왕관

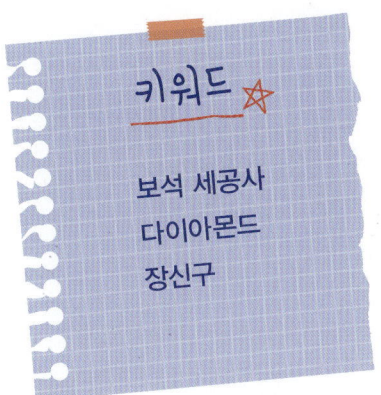

키워드

보석 세공사
다이아몬드
장신구

돌로 멋진 그림을 그려요

사람들은 맨 처음 동굴 벽화를 그렸던 석기 시대부터 그림을 그리거나 조각할 때 돌을 사용했습니다. 돌을 써서 그림과 염색에 필요한 물감에 색깔을 더하는 안료를 만들고 연필심으로 쓰는 흑연도 만들었어요. 돌을 색분필로 쓰기도 하고 조각 재료로도 사용했답니다.

그라피티

그라피티 화가는 스프레이 물감으로 벽 또는 거리의 온갖 곳에 그림을 그립니다. 어떤 사람들은 도시가 지저분해지기 때문에 그라피티가 나쁘다고 생각합니다. 하지만 그라피티를 가치 있는 예술이라고 보는 사람들도 있습니다. 영국의 아티스트, 뱅크시처럼 세계적으로 이름을 떨친 그라피티 화가도 있어요.

그라피티는 이름을 쓸 때 어떻게 색다르게 글자를 쓸 수 있을지 고민하면서 시작되었습니다. 이제는 캐릭터나 만화를 그릴 때도 쓰입니다. 같은 그라피티라도 여러 가지 그림체가 있습니다. 글씨를 거칠게 휘갈겨 쓰기도 하고 풍선처럼 둥글둥글한 모양으로 쓰기도 하지요. 만화처럼 그리거나 판에 그림을 새겨서 판화처럼 찍기도 합니다.

그라피티를 그리는 화가

길거리 아트

길거리 아트는 화가가 여러 가지 재료를 이용해서 포장된 도로나 거리에 독창적인 그림을 그리는 예술입니다. 때로는 유명한 그림을 따라 그리기도 합니다.

미국 캘리포니아의
길거리 아트

연필

연필심은 탄소의 한 가지인 흑연으로 만듭니다. 글을 쓸 때, 흑연을 처음 사용한 것은 1500년대였습니다. 흑연은 글을 쓰거나 밑그림을 그리기에 매우 좋았지만, 무르고 잘 부러져서 지지대가 필요했습니다.

예전에는 길쭉한 흑연을 실로 둘둘 말아 감쌌습니다. 그러다가 속이 빈 나무 대롱에 흑연을 넣어서 썼어요. 오늘날에는 흑연과 점토를 섞어서 연필심을 만듭니다. 점토의 비율이 높을수록 심이 더 단단하답니다.

백악

백악은 석회석의 한 종류입니다. 거의 흰색이지만 회색이나 붉은색을 띠기도 합니다. 수백만 년 전에 죽은 바다 생물들의 작은 껍데기로 만들어졌는데, 주로 탄산칼슘으로 이루어져 있습니다. 백악을 가루로 만들어 안료를 섞으면 미술 도구를 만들 수 있습니다.

1700년대에 이탈리아 사람들은 백악으로 파스텔을 만들어 널리 사용했습니다. 파스텔은 원래 흙이나 바위를 떠올리게 하는 색이나 검은색, 흰색만 있었지만, 오늘날에는 합성 안료를 섞어 다양한 색깔을 냅니다.

안료

물감에 섞어 색깔을 내는 재료를 안료라고 합니다. 유화 물감을 만들 때는 안료를 기름, 습윤제와 섞고, 이따금 나뭇진이나 합성수지도 함께 넣습니다. 예를 들어 아연과 티타늄은 흰색 물감을 만들 때 썼어요. 처음에 안료는 거의 자연에서 얻은 재료로 만들어 색의 종류가 많지 않았습니다. 이를테면 용혈수 열매에서 얻은 붉은색이나 석웅황이라는 돌에서 낸 탁한 누런색이 있었어요. 안료는 천연 재료를 밀대로 부수고 가루로 갈아서 만듭니다. 오늘날에는 화학이 발전하면서 황연, 군청과 같은 새로운 합성 안료를 만들고 있습니다.

돌과 말린 식물을 갈아서 얻은 가루 염료

키워드

물감   그라피티
흑연   백악
안료

111

돌로 만든 조각품

조각은 아주 오래된 미술의 한 분야입니다. 돌을 깎거나 여러 가지 방법으로 입체적인 작품을 만들어요. 최초의 미술 조각품은 4만 년에서 1만 년 전 사이에 돌로 만들어졌습니다.

고대 그리스와 로마의 예술가들은 대리석 같은 돌로 작품을 조각했습니다. 녹인 쇠붙이를 거푸집에 부어 조각을 만들기도 했어요.

테라코타 군대

중국 진시황 무덤 가까운 곳에는 땅을 파서 만든 굴이 있습니다. 거기에 점토로 만든 사람 모습을 한 테라코타 형상이 엄청나게 많이 있어요. 오래된 무덤 근처에서 우물을 파던 농부들이 발견했답니다. 자그마치 병사가 8,000명, 전차가 130대, 말이 약 520마리나 됩니다. 관리, 광대, 천하장사, 음악가 들도 있어요.

이 모형들은 2,000년도 더 되었습니다. 중국 최초의 황제였던 진시황이 죽은 뒤에 그를 보호하기 위해 무덤 가까이에 묻은 것이에요.

커다란 조각상

조각상은 실제와 비슷한 크기로 만들 때가 많습니다. 그런데 어떤 조각상은 엄청나게 커서 멀리서도 잘 보여요. 불교를 믿는 사람들은 부처의 조각상에 절을 하며 존경을 보입니다.

인도 비하르 주 부다가야에 있는 부처의 거대한 석상

진짜 같은 조각품

돌을 조각하는 일은 무척이나 어려워 보입니다. 조각가는 천천히 돌 표면을 깎아 내고, 긁고, 부드럽게 다듬어서 구불구불한 사자 갈기를 표현하지요.

조각을 할 때는 쐐기 모양의 끌을 나무망치로 치면서 돌에서 필요 없는 부분을 깨뜨려 없앱니다. 이어서 돌을 파내 선을 새깁니다. 그러면 질감이 생겨서 돌에 새겨진 사자가 훨씬 살아 있는 것처럼 보여요. 조각가가 거친 돌 덩어리를 아름다운 동물로 바꿔 놓았습니다. 이제 표면을 닦아 윤을 내면 진짜 사자처럼 보일 거예요.

키워드

조각
무덤
테라코타
조각상

이탈리아 제노바 대성당에 있는 사자 조각상

갈고 닦고 재고 다양하게 쓰이는 돌

돌을 다듬어서 조각이나 보석으로 만들면 보기에 아름답습니다. 그런데 돌은 쓸모 있는 재료이기도 합니다. 아주 작은 돌로 이루어진 모래로는 사포나 손톱 다듬는 줄을 만들고, 석회암은 얇은 판처럼 잘라서 도로를 포장하는 데 쓰거나 다른 건축 재료를 만들 때 사용해요. 무거운 돌로는 벽돌이나 칼을 가는 숫돌을 만든답니다.

막자와 막자사발

막자와 막자사발은 물질을 부수거나 갈거나 섞을 때 씁니다. 막자는 한쪽 끝이 다른 쪽 끝보다 더 크고 둥글게 다듬어진 짧은 방망이예요. 막자사발은 둥근 모양의 그릇입니다. 도자기나 화강암, 대리석 같은 돌로 만들어요. 대리석은 표면이 매끄럽고 아주 작은 구멍도 없어서 물이 스며들지 않기 때문에 특히 쓸모가 많습니다. 약사들이 약을 만드는 재료를 잘게 부술 때도 막자와 막자사발을 이용했답니다.

화강암으로 만든
막자와 막자사발

사포로 문지르듯이
손톱 다듬기

에머리보드

에머리보드는 돌을 갈 때 쓰는 연마재를 겉에 입힌 작은 막대입니다. 손톱을 다듬고 티눈이나 굳은살을 없앨 때 자주 씁니다. 약간 두껍지만 휘어지는 종이에 에머리라는 단단한 광물 가루를 붙여서 만듭니다.

칼 가는 돌

숫돌은 칼을 날카롭게 갈 때 쓰는 돌이에요. 일본 무사 사무라이의 검을 가는 데 쓰던 일본 숫돌은 '결'에 따라 등급을 매깁니다. 무른숫돌은 칼을 거칠게 갈 때, 센숫돌은 아주 날카롭게 갈 때 사용합니다.

발판을 밟아 돌리는 바퀴형 숫돌로 도끼를 갑니다.

진흙 목욕

진흙은 흙, 점토, 물로 이루어졌습니다. 진흙에는 아연, 구리, 셀레늄과 같은 광물질과 비타민, 식물성 성분이 많이 들어 있어요. 고대 로마 시대부터 사람들은 진흙으로 몸을 깨끗이 씻었습니다. 진흙을 피부에 바르면 몸에서 필요 없는 열이 빠져나가 시원해지고 피부에 좋은 영양분도 채워집니다.

사람들이 피부에 좋은 진흙을 바르고 있습니다.

부석

부석은 용암이 갑자기 식어서 생긴 화성암입니다. 화산이 폭발할 때 만들어지기도 합니다. 온도와 압력이 급격히 낮아져서 용암 속에 갇힌 기체가 공간을 차지하고 있지요. 부석은 쉽게 부서지는데, 부석으로 돌을 닦는 연마재 가루나 화산재 비누를 만들 수 있습니다. 가벼운 콘크리트와 건설용 벽돌을 만들 때도 부석을 씁니다.

용암이 갑자기 식어서 생긴 부석

줄에 매단 돌멩이

다림줄과 다림추는 돌로 만든 추를 실 끝에 매단 장치입니다. 실을 다림줄이라고 부르고, 실에 매단 추를 다림추라고 합니다. 높이를 재고 수평이나 수직을 헤아려 보는 도구이지요. 고대 이집트 사람들은 피라미드나 다른 건축물을 세울 때 다림줄과 다림추를 썼습니다. 해와 달을 관찰할 때에도 사용했답니다.

키워드 ☆ 막자 막자사발 에머리보드 숫돌
진흙 부석 다림줄 다림추

돌로 하는 재미있는 놀이

오늘날 장난감은 플라스틱이나 금속 같은 갖가지 재료로 만듭니다. 하지만 옛날에는 가까이에서 쉽게 얻을 수 있는 것으로 장난감을 만들었어요. 그래서 돌멩이를 가지고 자주 놀았답니다.

물수제비 뜨기

물수제비 뜨기는 호수나 강처럼 물이 많은 곳에서 수면 위로 납작한 돌을 던지는 단순한 놀이입니다. 돌이 물속으로 가라앉기 전에 몇 번이나 수면에서 튕기는지 겨뤄요. 보통 돌을 가장 여러 번 튕기게 하는 사람이 이기는데, 어떤 대회에서는 튕기는 횟수가 아니라 돌이 얼마나 멀리까지 가는지 기록합니다. 물수제비 뜨기 세계 기록은 50번이 넘습니다.

물수제비는 납작한 돌로 뜹니다.

잭스

수백 년 전 어린이들은 쉽게 찾을 수 있는 물체를 가지고 놀아야 했습니다. 그래서 작은 돌멩이와 동물 뼈로 잭스를 했는데, 돌과 뼈를 위로 던져 잡는 놀이예요. 오늘날 잭스를 할 때는 뿔 여섯 개짜리 금속 조각을 위로 던져 올려요. 그러고는 공을 바닥에 튕기면서 그 사이에 잭스를 손으로 그러모아 잡습니다. 잭스의 개수를 한 개부터 시작해서 두 개, 세 개로 점차 늘려요. 우리가 하는 공기놀이와 비슷합니다.

공을 바닥에 튕겼다가 잡는 사이에 손으로 잭스를 집어 올립니다.

만칼라

만칼라는 돌로 하는 보드게임으로 에티오피아에서 시작되었어요. 비어 있는 두 개의 큰 항아리와 돌이 들어 있는 열두 개의 작은 항아리가 있습니다. 작은 항아리에 담긴 구슬을 하나씩 나누어 담아 자기 것인 큰 항아리에 돌을 많이 가져간 사람이 이기는 놀이입니다.

열두 개의 작은 항아리에서 하나를 골라 반시계 방향으로 구슬을 나누어 담습니다.

바둑

바둑은 약 4천 년 전부터 즐기던 놀이입니다. 중국에서 시작되었다고 해요. 가로세로로 19줄의 격자가 그려진 나무판 위에서 게임을 합니다. 시작할 때는 나무판이 비어 있습니다. 두 사람이 번갈아 선과 선이 만나는 지점에 바둑돌을 놓아요. 한 번 놓은 돌은 움직일 수 없지만, 차근차

근 둘러싸서 잡으면 판에서 없앨 수 있답니다. 상대편 진영에 들어가서 바둑돌을 잡으면 점수가 올라갑니다.

바둑을 둘 때는 바둑돌로 영역을 차지합니다.

사방치기

사방치기는 돌로 자리를 표시하면서 한 발로 서서 깡충깡충 뛰어다니는 놀이입니다. 보통 바닥에 분필로 사각형을 여러 개 그려 놓고 하는데, 8~10개의 정사각형을 그립니다.

정해진 사각형에 돌을 던져서 돌이 떨어진 사각형을 뺀 나머지 사각형들을 한 번씩 발로 짚으며 앞이나 뒤로 또는 옆으로 뜁니다. 돌이 정해진 사각형 속에 들어가지 않거나, 한 발로 뛰면서 균형을 잃거나 선을 밟으면 탈락해요. 처음으로 돌을 차례로 모든 사각형에 던져 넣은 사람이 이깁니다.

키워드

물수제비 뜨기
잭스   만칼라
바둑
사방치기

용어 설명

ㄱ

간헐천   화산 지역에서 뜨거운 물과 수증기를 내뿜는 천연 샘
골재   모래, 자갈, 돌 조각이 섞인 건축 재료
구리   전기가 쉽게 이동하는 무른 적갈색 금속
기압   지구를 누르는 공기의 무게를 면적으로 나눈 값

ㄷ

다이아몬드   압력을 주어서 부피를 줄인 탄소로 이루어진, 반짝이며 투명한 결정
대리석   석회암이 높은 온도와 센 압력을 받아 성질이 변한 돌

ㅁ

마그마   땅속 깊은 지각 속에서 암석이 열에 녹아 반액체로 된 물질
막자사발   재료를 넣고 막자로 부수는 사발
맨틀   지구의 지각과 핵 사이에 있는 뜨거운 암석층
모래   석영처럼 입자가 고운 돌 부스러기. 바닷가에 많다.

ㅂ

반려암   거칠고 작은 알갱이로 이루어진 화성암의 한 가지
백악   수백만 년 전에 살았던 바다 동물의 껍데기로 만들어진 석회암의 한 가지
변성암   수백만 년 전에 높은 열이나 압력, 물에 의해 성질이 변한 아주 단단한 암석
부석   화산이 폭발해서 기포가 많이 들어 있는 마그마가 흘러나올 때 만들어지는 화산석
빙하   얼음, 바위, 흙이 한데 얼어붙은 거대한 덩어리

ㅅ

사구 바람이나 바닷물에 모래가 운반되고 쌓여 이루어진 모래 언덕
사암 모래나 석영이 뭉쳐서 단단한 고체가 된 퇴적암
석고 황과 칼슘의 화합물로 이루어진 광물. 기둥이나 널조각 같은 모양의 결정을 이룬다.
석탄 수백만 년 전에 죽은 나무와 식물에서 만들어진 탄소가 많이 들어 있는 연료
석회암 수백만 년 전에 죽은 바다 생물의 뼈로 만들어진 퇴적암
셰르파 네팔 동부 히말라야 산속에 살고 있는 사람들. 등산 기술이 뛰어나기로 유명하다.
소행성 화성과 목성 사이에서 태양 둘레를 도는 작은 행성
슬레이트 판판한 판 모양으로 쉽게 갈라지는 변성암. 지붕을 덮을 때 쓴다.
시멘트 점토, 석회, 물이 섞인 혼합물. 섞고 나면 단단하게 굳는다.

ㅇ

암모나이트 소라 껍데기처럼 빙빙 비틀린 모양의 선사 시대 조개류. 단단하고, 백악기 석회질 암석과 같은 성질을 가졌다.
원석 금속이 들어 있는 파낸 그대로의 돌
유리 석회, 이산화규소, 탄산 소다로 만드는 투명한 물질. 단단하며 잘 깨진다.
유성 지구 대기권에 들어오면서 빛을 내며 떨어지는 작은 바위
이암 진흙이 쌓여 딱딱하게 굳은 암석

ㅈ

자갈 강이나 바다의 바닥에서 오랫동안 갈리고 물에 씻겨 반질반질하게 된 잔돌
점토 돌이 갈려 나간 작은 알갱이로 이루어진 부드럽고 차진 흙
지각 별이나 행성의 가장 바깥쪽 표면
지각판 한 덩어리로 움직이는 지구 지각의 한 부분. 지각판끼리 서로 부딪히며 밀어내기도 한다.
지열 에너지 지구의 암석에서 자연적으로 뿜어져 나오는 열에서 얻은 에너지
지층 퇴적암에 있는 여러 층. 대개 수평으로 층이 생기는데, 각 지층은 선사 시대 각기 다른 시기에 만들어졌다.

ㅋ

케른 특별한 장소나 무덤을 표시하려고 돌을 모아 쌓아 놓은 것

ㅌ

탄소 모든 살아 있는 생명체와 석탄, 석유, 흑연, 다이아몬드에 들어 있는 원소
퇴적물 오랜 기간에 걸쳐 물속에 가라앉은 먼지와 앙금
퇴적암 모든 종류의 퇴적물로 만들어진 암석

ㅍ

편마암 굵고 거친 결정으로 이루어진 변성암
편암 표면이 반짝이며 얇은 층을 이루는 변성암
풍화 뜨거운 태양열과 거센 바람이나 세찬 비에 바위와 광물이 점차 잘게 나누어지고 깎여 나가는 일

ㅎ

합금 하나의 금속에 다른 금속을 섞어서 만든 금속
현무암 단단한 화성암. 지구의 지각을 이루는 중요한 암석 가운데 하나
혜성 가스 상태의 빛나는 꼬리를 끌고 태양 둘레를 도는 천체. 혜성이 태양에 가까이 가면 지구에서 보인다.
화강암 매우 단단한 화성암. 분홍색에서 회색까지 다양한 빛깔을 띤다.
화석 수백만 년 전에 살았던 생물이 남긴 흔적
화성암 마그마가 식어서 굳을 때 만들어지는 암석
회반죽 건축용 벽돌 사이의 공간을 채우고 벽돌끼리 달라붙게 하는 물질
흑연 순수한 탄소로 이루어진 무른 진회색 광물

찾아보기

ㄱ

가마   71, 72, 75
간헐천   95
강   17, 28, 31, 68, 81, 121
강물   26, 28, 29, 31
경사로   86, 89
골재   66, 69, 71
골짜기   29, 44, 59, 61, 63
공룡   18, 39~41
광물   21, 71, 91, 98, 102, 104, 117
광물질   36, 37, 39, 41, 66, 118
광산   99, 101, 104
궤도   33~35, 37
그라피티   107, 108, 111
그랜드 캐니언   29
그림 문자   76~78
극점   12, 13
금속   9, 98~100, 103, 120, 121
기둥   47, 81, 88
기술자들   64, 65
기압   60, 61
기체   20, 21, 23, 29, 32, 33, 37, 39, 47, 67, 94

ㄴ

나침반   14

ㄴ

남극   12, 13, 59
납   105
내핵   9, 10, 15
눈   59, 63, 73
니켈   9, 11, 100

ㄷ

다림줄   119
다이아몬드   21, 91, 93, 102~104
단층(선)   55, 56
대   18
대기   36
대륙(들)   10, 11, 51, 53
대리석   22, 74, 75, 88, 112, 117
동굴   29, 42~48, 106
동굴 탐험   46, 49

ㄹ

라스코   43
러시모어 산   82, 83
레이캬비크   96
리히터 규모   56, 57

ㅁ

마그마　11, 21, 23, 26, 27, 95
마찰　22, 36, 37
막대자석　12, 13
막자　117, 119
막자사발　117, 119
만칼라　122, 123
망간　43, 45
맨틀　9~11, 26, 27, 56, 95
메사　30, 31
메탄가스　93
모래　25, 26, 28, 40, 63, 66~69, 71, 86, 116
모아이　80, 83
목성　32, 33
물감　106, 107, 110, 111
물수제비　121, 123
미케네　87

ㅂ

바둑　122, 123
바람　24~27, 30, 31, 67, 68, 73
바르한 사구　67, 69
벽돌　72, 75, 85, 116, 119
변성암　22, 74
별　14, 34, 35
별똥별　36, 37
보석 세공사　103, 105
부석　21~23, 119
부엽토　68, 69

북극　12, 13, 59
비　24, 25, 27, 29, 73
빙하　31

ㅅ

사방치기　123
사암　17~19, 44, 73
산　30, 49~53, 58~61, 64, 82
산맥　11, 31, 50, 51, 58, 59, 61, 63, 64, 82
산소　61
삼엽충　39
상형 문자　76~78
생태계　100, 101
석고　71, 75
석기 시대　106
석순　47, 49
석영　67, 69
석유　90~93
석탄　90, 91, 93, 100, 101
석회석　86, 110
선사 시대　38, 41, 43~45
설형 문자　77, 78
성채　87, 89
세이프 사구　67, 69
셰르파　61
소행성대　32, 35
수목한계선　59, 61
수증기　94~97
숫돌　116, 118, 119

스톤헨지　79
슬레이트　73, 75
시멘트　66, 69~71
신전　81, 83, 85, 88, 89
쐐기돌　88, 89

ㅇ

아스팔트　65, 68
아이젠　60, 61
아치　62, 88
안료　106, 110, 111
암모나이트　41
암석　17, 20~22, 26, 27, 29, 30, 32, 33, 38, 42, 74, 95, 98
암석층　17, 18, 41, 91
암석 주기　26
압력　15, 20, 22, 23, 26, 39, 74, 92, 119
어도비 벽돌　86, 89
얼음　13, 31, 33, 60, 63
에너지　56, 64, 90~92, 94, 96
에머리보드　117, 119
에베레스트 산　51~53, 61
옐로스톤 국립공원　95
오르트 구름　34
오벨리스크　81
온도　9~11, 30, 72, 119
외핵　9, 10, 13, 15
용각류　40
용암　21, 23, 68, 119

우리 은하　34, 35
운석　36, 37
울루루　19
원석　99, 101
원유　65, 92, 93
원형 경기장　89
유성　32, 35~37
은　98, 99
은하　14, 34
이산화탄소　29, 31

ㅈ

자갈　17, 28, 63, 66, 69
장신구　105
잭스　121~123
전기　96
점토　40, 68, 70~72, 75, 77, 86, 109, 113, 118
종유석　47
주석　98, 99
주춧돌　72, 75
중력　14, 15, 33
증발　47, 67, 94
지각　8~11, 17, 20, 22, 26, 51, 55, 56, 74, 95, 98
지각판　11, 20, 22, 50, 51, 53, 55, 57, 58
지구라트　85, 89
지열 저수지　95, 96
지진　54~57

129

지진파　55~57
지진학　57
지질 시대　18
지층　17, 18, 55, 59
진도　56
진앙　56, 57
진원　55~57
진흙　17, 27, 40, 85, 118, 119

ㅊ
천연가스　90, 91, 93
철　9, 11, 13, 15, 98~100
철광석　99~101
침식　24~29, 67~69, 75

ㅋ
카이퍼 대　33~35
커터헤드　64
케른　83
코마　37
콘크리트　66, 68, 69~72, 75, 119
클링커　71, 75

ㅌ
탄산칼슘　47, 75, 110
탄소　41, 91~93, 109
태양계　14, 15, 32~37
터널　62, 64, 65

테라코타　113
퇴적물　17, 26, 27, 39~41, 68
퇴적암　17, 18, 22, 69
투수성　42, 45

ㅍ
파르테논 신전　88
판게아　10, 11
페트라　44, 45
표준 화석　41
풍화　25, 26, 30, 31
피라미드　81, 84~87, 119

ㅎ
합금　100, 101
핵　9, 11, 32, 95
핼리 혜성　37
행성　9, 14, 15, 32, 33, 35
현무암　21~23
혈거인　45
화강암　21~23, 49, 73, 81, 82, 98, 117
화산　20, 21, 57, 68, 119
화석　39~41
화석 연료　93
화성암　21~23, 119
화학 물질　29, 31, 93
황토　43, 45
회반죽　63, 68

회전축　13, 15
휘발유　91, 93
흑연　106, 109, 111
흙　24, 26, 28, 30, 63, 68, 69, 99, 118
히말라야 산맥　51, 58, 59, 61

사진 출처

- 12쪽   Incredible Arctic
- 13쪽   Awe Inspiring Images
- 14쪽   Tischenko Irina
- 15쪽   Orla
- 16쪽   Jeffrey M. Frank
- 17쪽   Tyler Boyes; Michal Baranski; Tyler Boyes; Tyler Boyes
- 19쪽   위-Stanislav Fosenbauer
              아래-shutterstock
- 21쪽   Nicholas Peter Gavin Davies
- 22쪽   위-Tyler Boyes; Bragin Alexey; Jakub Cejpek; michal812
              아래-kavring; Tyler Boyes; Tyler Boyes; Madlen
- 22~23쪽   Bychkov Kirill
- 25쪽   shutterstock
- 28쪽   Lucie Danninger
- 29쪽   Kate Connes
- 30쪽   Joanne Harris and Daniel Bubnich
- 31쪽   TTstudio
- 34~35쪽   NASA
- 37쪽   Joao Virissimo
- 40쪽   My Life Graphic
- 41쪽   Mirka Moksha
- 43쪽   Keith Wheatley
- 44쪽   Valery Shanin
- 45쪽   Linda Marie Caldwell
- 47쪽   Joshua Haviv
- 48쪽   Vitalii Nesterchuk
- 48~49쪽   andreiuc88

- 52~53쪽　Daniel Prudek
- 53쪽　AdventureStock
- 54쪽　AdventureStock
- 55쪽　m.bonotto
- 56쪽　FXEGS Javier Espuny; Christian Vincent
- 58쪽　shutterstock
- 60쪽　위-Joy Prescott

　　　　아래-Greg Epperson
- 61쪽　Zzvet
- 63쪽　wikipedia.org
- 64쪽　위-Daniel Prudek

　　　　아래-Stephen Finn; Przemek Tokar
- 65쪽　Christian Lagerek
- 67쪽　loskutnikov
- 68쪽　Lagui
- 68~69쪽　Daniel Prudek
- 71쪽　위-Anton Foltin

　　　　아래-VLADJ55
- 72쪽　Carlos E. Santa Maria
- 73쪽　Chris Green
- 74쪽　Neale Cousland
- 77쪽　wikimedia.org
- 78~79쪽　mountainpix
- 80쪽　matuchaki
- 81쪽　Nestor Noci
- 82쪽　Olivier Le Queinec
- 83쪽　위-Brasiliao

　　　　아래-Jody
- 85쪽　Rafal Cichawa
- 86쪽　Dan Breckwoldt
- 87쪽　위-Kate Connes

133

	아래-Kardmar
89쪽	Serghei Starus
92쪽	RIA Novosty/Alamy
93쪽	Danicek
96쪽	Gretar Ívarsson/wikipedia.org
97쪽	PavelSvoboda
98쪽	Andriy Solovyov
100쪽	chinahbzyg
104쪽	위-Manamana
	아래-chris kolaczan
	오른쪽-zebra0209
105쪽	위-Manamana
	아래-Jiri Vaclavek
108쪽	Maljalen
109쪽	Patricia Marroquin
111쪽	Schalke fotografie/Melissa Schalke
112쪽	Becky Sheridan
113쪽	wikimedia.org
114쪽	Txanbelin
115쪽	sergioboccardo
117쪽	위-sjeacle
	아래-ASPIX
118쪽	위-digitalreflections
	아래-NEO
119쪽	Jakub Cejpek
121쪽	NEIL ROY JOHNSON
122쪽	위-John Brueske
	아래-wikipedia.org
123쪽	wikipedia.org

교과 연계

과학 3학년	1학기 1. 우리 생활과 물질 2. 자석의 이용 4. 지표의 변화 2학기 2. 지층과 화석
과학 4학년	1학기 3. 화산과 지진
과학 5학년	1학기 2. 태양계와 별
과학 6학년	1학기 2. 생물과 환경 4. 여러 가지 기체

지그재그 초등과학백과사전 1

우주에서 암석이 떨어졌어요

초판 1쇄 발행   2017년 4월 24일

지은이	게리 베일리
그린이	율리야 소미나
감수	정갑수
옮긴이	권예리
펴낸이	김한청
편집	김지희
마케팅	최지애
디자인	김지혜
펴낸곳	(주)다른미디어
출판등록	2017년 4월 6일 제2017-000088호
주소	서울시 마포구 동교로27길 3-12 N빌딩 3층
전화	02-3143-6478
팩스	02-3143-6479
블로그	http://blog.naver.com/magicscience_pub
페이스북	https://www.facebook.com/magicsciencepub
이메일	khc15968@hanmail.net
ISBN	979-11-960775-2-5 74400
	979-11-960775-1-8 (세트)

매직사이언스는 (주)다른미디어의 과학 브랜드입니다.

잘못 만들어진 책은 구입하신 곳에서 바꾸어 드립니다.
값은 뒤표지에 있습니다.

이 책은 저작권법에 의해 보호를 받는 저작물이므로,
서면을 통한 출판권자의 허락 없이 내용의 전부 혹은 일부를 사용할 수 없습니다.

이 도서의 국립중앙도서관 출판예정도서목록(CIP)은 서지정보유통지원시스템 홈페이지
(http://seoji.nl.go.kr)와 국가자료공동목록시스템(http://www.nl.go.kr/kolisnet)에서
이용하실 수 있습니다.(CIP제어번호: CIP2017009125)

어린이제품 안전특별법에 의한 기타 표시사항

제품명 도서 | **제조자명** (주)다른미디어 | **전화번호** 02-3143-6478
주소 서울시 마포구 동교로27길 3-12 N빌딩 3층 | **제조년월** 2017년 4월 24일 | **사용연령** 8세 이상